外山滋比古

最高の雑談術

扶桑社文庫
0691

おもしろ半分──文庫版のためのまえがき

われわれ日本人は人をあまり信用しないところがあるのかもしれない。なにかあると、ひとりで考え込む、勇ましい人は山にこもったりする。人を信用しないのかもしれない。親しい人に相談するということも好まない。ひとり悩み、苦しむ。孤独である。それを個性的であると考えようとするところがある。人を信じないのかもしれない。

アメリカ人は、〝ひとつでは多すぎる〟、といって、孤立を好まないらしいが、われわれ日本人には話し合って楽しむということが少ない。話し合っていると、いつしか言い合いになることが少なくない。へたをするとケンカ。もの言えば唇さむし……と、ひとりに戻る。楽しい話し相手があれば、人生の幸福でありうる。

そういう日本人も、三人寄れば、おもしろい、ということがあって、古くから〝三人寄れば文殊の智恵〟ということばがある。

新聞、雑誌が座談会記事をのせるようになったのは、日本がはじめてであるらしいが、やはり、三人寄れば、おもしろくなるということなのであろう。

三人の知恵を合わせれば、集知のおもしろさが出るけれども、どこか不安である。椅子も机も二脚あれば安定するけれども、三脚ではおちつかないから、もう一本の脚をつけて四脚にする。

人間の考えることは多様である。椅子のように、四本脚では安定しない。五本目、六本目の蛇足がほしくなる。三人寄れば……ではなく、四人、五人、六人くらい集まると、おもしろくなる。

そんなことを考える変人もないから、昔から五脚の椅子、六脚の椅子はなかった。四人会、五人会の妙を知るものはほとんどなかった。

ものを考えるにも、やはり、ひとりでものを言う。わいわいガヤガヤにぎやかに話し合うのが、案外、新しい考えを生む温床であるなどと考えるのは正気ではない、そうきめつけるのが見識のように見なされる。

そういう日本だが、集知がおもしろいことも知っていたと思われるところがまったくなかったわけではない。

いまは昔、旧制高等学校は原則、全寮制ですべての学生が寮に入った。その寮生が、夜、集まって、駄弁《だべ》るのである。思うこと思わぬこと、知っていること、よく知らないことをまくしたてる。それにあおられてほかの人も熱弁をふるったりする。それで自分の不学を思い知らされると、部屋に帰って難解な本を読む。そうして知的に成長した人たちが、社会のリーダーになって大きな働きをした。大正デモクラシーである。

女性も負けてはいなかった。社会がおくれていて、女子教育を考えなかったとき、主婦が集まって、井戸端会議をした。この名はもちろん心ない男性のこしらえたものだが、この井戸端会議はたいへん大きな力になって社会を動かすことになった。おばさんたちのおしゃべり、教養には欠けるところがあっても、社会の動きには敏感であり得た。ヌカ味噌くさいことばかり話していたのではない。新しい社会を志向するところがあったのである。

明治以来、まったく放置されていた女子教育の必要に気づいたのは、高等学校の寮で天下国家を論じていた男性だけではなく、井戸端会議のエリートであった。

女性の力で、女学校を創設する人が出てきたのである。それにつれて、婦人雑誌も生まれた。世の中は、大きく変わったのである。女学校として生まれた学校は、百年を経た現在、りっぱな女子大学になっている。

そういうことがあったにもかかわらず、日本人は、話すことばをバカにして、わからなくても難解な本を読むのが学問だと思い込んだ。ひとり黙々と外国の本を読む、というのが勉強だときめてしまった。文化的におくれた国として是非もないところだが、いかにもあわれである。

知日派のヨーロッパ人が、

「日本人は目で考える」

というコメントをすると、考えの足りない日本人は、ホメられたのだ、と誤解して、喜んだ。

本来、人の考えは、耳中心、口がそれを助けて生まれるものであることを日本人は知らなかったので、誤解したのである。目で考える、というのは、耳バカ、口下手、ということなのである。

そうとわかっても、急に、耳を賢くすることは難しく、口を賢くするのはたいへんに難しい。日本人の多くは、これからも当分、目が考えることを卒業できる見込みがない。

うかうかしていると、人工知能という目で考える巨人の進出によって、まっ先にひどい目にあわなくてはならないことがわかるかもしれない。

いささか、手おくれの感はあるが、耳で考え、口でも考える人間になる努力が求められている。

どうしたら、耳を賢く、口をおもしろいことばのもとにすることができるか。

それを考えていて、この本は生まれた。

だいたい、勉強ということがわかっていない学生ほど、どうすれば勉強になるかがわからない。教師にもそんなことのわからない人が多いから、ただ、勉強せよ、と言うにとどまる。しかたがないから、まず代表的な本を読む。

本を読むのが、実は、たいへんな知的作業で、ぼんやり読んではいられない。ノートを取る。重要と思われるところは、書き写す（コピーができて、どんなに喜んだことか）。

そうして読んでいると、本を丸写しにしたようになるが、読み終わっても、さっぱりわからない。ひそかに悩んでいると、同じように読み切れないのがあらわれる。同志を募って〝読書会〟をつくる。

メンバーが分担して読むのである。ひとりではわからないところをほかの人がさらりと説明したりするから、緊張する。ひとりで読んでいるときとは違ったものを読みとることができる。やがて自分の読みのくせのあることに気づいたりして大きな刺戟を受ける。読書会は有益である。

しかし、読書会には限界がある。知識は増える。正確になるが、その本にしばられてしまうことに気づかないことが多い。やはり自分で読むことである。

一冊や二冊では足りない。手に入る本をあれこれ読み散らす。もとより正確な知識ではないが、おもしろそうなところに出合う可能性は大きい。

外国語の古典などは、そういう読書、乱読が思いのほか大きな収穫をもたらす。乱読ということばがよくないから、はっきり乱読を誇る人は少ない、ほとんどないが、おもしろい仕事をするのは、たいてい乱読の経験者である。

〝目で考える〟日本人は、読むより話し合う方がおもしろいと考えることが少ない。読書会というものに対して、談話会というものがあって、たいへん、クリエイティヴであることを知る知識人は少ない。学生ではほとんどないと言ってよい。

したがって、乱読に相当する乱談ということばもない。

しかたがないから、創造的雑談のことを、あえて乱談と呼ぶことにした。それからそろそろ二十年になるが、なお、一般の認知を得ていない。乱談はなお認知されていないが、これが文化創造の源泉のひとつである、というのがこの本の根本理念である。

乱談はもちろん、ひとりでは、乱れることができない。相手がいる。二人でも不足。二人だと競争になる危険が小さくない。やはり、最低三人はいないと乱談は成立しない。昔の人が、三人寄れば文殊の知恵、といった英知におどろく。

とは言っても、三人では少ないのである。

椅子やテーブルはみな四脚。論理的に言えば、平面に三点で定立するから、三脚でよいはず、一本は蛇足であるが、世の中の椅子はすべて四脚である。画家などが携行する三脚は例外である。

乱談も、三人で成立する道理であるが、やはり蛇足の四人目が必要になる。乱談は不安定であるから、蛇足も一本では少し心もとない。蛇足の蛇足があった方がいい。五人、六人の乱談は無敵の強さを持つことができる。五本脚のテーブル、六脚のテーブルは新しいものを生み出すことができる。

歴史的に過去の乱談クラブを見ても、六本、七本の脚を持ったテーブルのようなのが、大きな成果を残しているようである。

だからと言って、メンバーをそろえるだけが能ではない。

同業組合のように同じことをする人たちでは、いくら、五人、六人と増やしても、乱談にならない。互いに違ったことをしている人たちが、競争意識を忘れて、ほかの人と、〝知的化合〟を起こすところで、乱談は、力を発揮することができる。

〝乱談のセレンディピティ〟は、そういう知的化学反応を起こすことのできる、いまのところ、唯一の方法であるというのが、本書の信念である。

ひょっとすれば、〝おもしろい〟ことにめぐり合えるかもしれない。せめて、おもしろ半分の新文化を生み出したいものである。

外山滋比古

二〇一八年十一月

乱談のセレンディピティ　目次

序章　目の思考・耳の思考

国立大学の文系学部、学科の再編、廃止について具体策を答申せよ、という通達を文部科学省が各大学長に発した（二〇一五年六月）。文系学部、学科の縮小の理由は国際競争力に欠けるというのである。

おどろくべきことである。さぞ、いろいろと反論、批判が出るであろうと思っていたが、まったく反応がなかった。日ごろは何かと反対する識者も、マスコミも、声をあげるものはなかった。肯定した形である。

大学の教育、研究について、にわかに国際競争力などをもち出されては、大学だけでなく、社会全体が当惑するのである。

明治のはじめ開国に当たって、文教に関しては、外国依存をはっきり表明、「知識ヲ広ク世界ニ求メ」（五箇条の誓文）と、表明した。つまり、外国のことを模倣する、借用するというのである。以後の日本は実に忠実にこの方針に従って、外国追随、模倣を事《こと》として来た。模倣はしばしば、盗用となって国際的批判を受けた。外国出版においては、著作権を無視、翻訳書を出して、海賊出版の汚名を受けたが、戦後になるまで改まらなかった。

学術論文においても、外国の研究の無断借用、盗用が当たり前のようになり、これは、戦後になっても改まらず現在に至っている。日本語の壁にまもられて、事なきを得ているにすぎない。これに抗議できる学者、研究者は多くないと思われる。そういう実情を知ってか知らずか、国際競争力などをもち出すのは無責任である。もの真似に国際競争力などあるわけがない。

模倣がいけないのではない。

教育、学習は模倣が原点で、オリジナリティなどふりまわしていては学習は成立しないのははっきりしている。

本を読む、知識を習得する、というのは教育の礎《いしずえ》である。小学生などに創造力を教えることは、すくなくとも、いまの教育では不可能で、これはいわゆる先進国においても変わりがない。

問題は知識の習得によって事足れりとする考え方である。博学知識を理想とする社会は、新しい文化を創り出す力を殺しているのだという認識がないのは、知的におくれた社会である。

知識を身につけることが人間にしかない能力であった時代においては、「知識は力なり」（フランシス・ベイコン）は真であった。

人工知能が、最高級の囲碁棋士を打ち負かすことができるようになってみると、知識の価値が低下するようになるのは避けられない。

知識力だけでは、いくら努力しても、未知のものを追ったり、まったく新しいものをとらえたりすることはできない。

人工知能と競争するのは賢明ではない。人間の自然知能は、これまでなおざりにされていた、未知、未来、不可解を開発するものでなくてはならないが、それにはしばしばよけいな知識が邪魔になることはこれまでもすでに起こっている。


ところで、日本人は欧米の人に比べて、ありがたくないハンディを負っているという反省がないのは、むしろ恥ずべきことである。

何かというと、日本語である。

漢字を使っている。しかも、仮名と混用である。だから、俳句のような短詩型文学が生まれたのであるが、ニュートンのような人があらわれなかった。

漢字は高度に知的文字である。もともと中国で生まれた漢字であるが、日本語の中の漢字は、中国の漢字よりも複雑である。

同一の文字が、いく通りものヨミをされる。

同じ〝行〟が、ユク、オコナウ、コウ（イ）、ギョウ（セイ）、アン（ドン）とさまざまな読まれ方をしてきた。中国の漢字を違った時代に移入したためであって、多様性は高いが決定性に欠ける。こういうことばをもとにしてものを考えるのは、たとえば、アルファベットだけのことばで思考するのとは、まったく異なった知的活動を求めている。いまのところ、この多様性は日本人にとってマイナスにはたらいている。改善は必須である。漢字制限や略字くらいではカタはつかない。

漢字を使っているからではないが、日本人のことばは、目に偏っている。耳は問題にしないで、文字、記録、書物によって生きる。

「日本人は目で考える」（ブルーノ・タウト）は、日本人には当たり前のように聞こえるけれども、すくなくとも欧米にとっては異端なのである。

もともと、考えるのは、耳で聞いてわかったこと、わからなかったことを中心にするのが普通である。目で考えるのは印刷が発達して、文字、文章、書籍などが先端的知識媒体になってから以後のことである。

もともと、人間は主として耳で考えるようになっている。文字を尊重するようになって目で考えることが有力になったのである。日本人は例外的にごく古い時代から目のことばを大切にし、それを愛して、美しい表現を生み出した。その点、世界でもっとも進んだ国である。千年前に、『源氏物語』とか『枕草子』が生まれたのは、目で考える文化の成果であった。

〝目で考える〟人間は孤独を好む。だいいち、ほかの人がいては、文章を書いたり、本を読んだりすることが難しい。つまり、〝ひとりで考える〟人間が力をもつようになる。

〝ひとりで考える〟ことは、主観的になりやすい。詩歌ではすぐれた作品が生まれたが、ドラマはさっぱりである。

すぐれた知能は、視覚的思考によって育まれるより、聴覚的思考力によって伸びると考えられる。

欧米の文化はギリシャの昔から、聴覚的思考を主体として発達してきたと考えられる。この点、視覚的思考の日本文化は、まさにユニークであるといってよいが、目よりも耳、という点では一歩、不利であることを認めなくてはならないように思われる。

ひとりではなく、仲間といっしょに、語らい合っているうちに発動する思考力というものをわれわれは、これまでほとんど問題にしたことがなかった。

それが、日本の学術、文化のおくれにかかわっているように思われる。ひとりではなく、同志と、本を読むのではなく、談話によって、新しい文化を開発することができる。

そういう信念をもとにして、クラブ的芸術、思考を模索していくと、乱談の思考、セレンディピティ（serendipity）に至るというわけである。

これなら国際競争に堪えるのではないか、とひそかに自負している。

1 乱談

英知を身につける術

乱談ということばはない。

どうしても必要だから、勝手に造った。よいことではないが、この際、お目こぼしいただきたい。

すぐ、乱読を思い合わせるかもしれないが、大きく異なっている。

乱読はひとりでできる。ひとりでなくてはできないが、乱談は、もちろん、ひとりではできないし、二人でも難しい。三人寄ればかろうじてできるが、なお、不足。四、五人くらい仲間がほしい。

乱談は、筋道が通っていては窮屈である。話が入り乱れて、収集がつかないのがおもしろいのである。

同じようなことをし、似たことを考えている人たちだけでは、行儀がよくて、うまく乱れることが難しい。

隣りは何をする人ぞ、というのでも困るけれども、〝同業者〟だけでは、なかなか乱談にならないだろう。

小さな専門をありがたがり、特殊な知識を誇るような人たちでは、乱談は始まらない。ほかの人のことはよくわからない。自分のこともあまりよくわかっていない。そういうノンキな人間が、トリなき里のコウモリ、のように、まくし立てるのが、乱談である。

ひとの言うことをいちいち、批判、ケチをつけるのが生き甲斐、といった人は乱談のメンバーには不適当である。珍しいことはなんでも飛びついて感心する、お人好しが、すぐれた乱談を起こす。

話すより、読むほうが高級であり、書くのはもっとも高度の知的活動であるように考えるのは近代の迷信である。

話すことは、読むことより容易であるように考えるのも、教育のつくり上げた迷信である。何でも話せるわけではないが、文章にするよりはるかに多くの深いことを伝えることができる。もちろん、愚にもつかぬ〝おしゃべり〟が多いけれども、本当の心は、文字ではなく、声のことばにあらわれる、ということを理解するのは、いわゆる教養以上の知性を必要とする。

ものごとを、あるがままに、伝えるのは、りっぱな芸である。しかし、すでに存在するものごとを、いくら、上手に、正確に、表現しても、世の中はすこしも進歩しない。

新しいこと、価値あることは、未来形である。いくら新しい本を読んでも、新しいことの出てくることは少ない。

読書と知識から生まれた発見は、ほんものではない。本当に新しいことは、談論風発の風に乗って飛来する。それをとらえるのが英知である。いくら本をたくさん読んでも、その英知を身につけることが難しいことを文化の歴史は示しているように思われる。

違った仕事をしている人、異なる専門の人が、用もないのに会合するというのは、功利的な社会において、きわめて難しいことである。しかし、新しいことは、そういう異質交流の間においてのみ生まれるらしいことをスペシャリスト、プロフェッショナルをありがたがる社会では考えることが難しい。

日本人の視覚信仰

乱談ということばがないのも不思議ではない。

乱談がきわめて少ないからである。

目は大切にする。百聞は一見に如《し》かず、というのは、日本だけのことではないらしく英語にも、「見ることは信ずることなり」(Seeing is believing)ということわざがある。耳をバカにしているのである。

大きな目的のためである。乱談ということばを造ったことを許していただきたい。かつて、コトダマノサキワウクニ(言霊の幸う国)といわれた日本である。乱談によって大きなものが得られると信じる。

2 セレンディピティ

「セレンディピティ」に冷淡な日本

以前、もっとも怖るべき病気は、結核であった。はっきりした治療がないまま、多くの生命が失われた。世界中が結核に苦しんでいたのである。

そんなとき、イギリスのフレミング博士が特効のあるペニシリンを開発した。さしもの結核もそれを機にすこしずつ減り、いまのようになった。

ペニシリンの生まれ方がドラマティックであった。新しい抗菌を求めて研究していたフレミング博士は、ある日、うっかり実験中のシャーレのふた
をし忘れて帰った。

翌朝、実験室に入った博士は、ところどころに菌の死滅しているところを発見する。飛来したゴミ、実は土壌菌が混入したのである。

その部分の菌が死滅していた。つまりこの土壌菌に結核菌を死滅させる力のあることがわかったのである。

意図しなかった偶然による発見である。そういう発見には、セレンディピティという名がついていたのであるが、当初、それほど話題にならなかった。イギリス人はなぜか、セレンディピティというものをそれほど高く評価しないのかもしれない。大西洋を隔てたアメリカは、セレンディピティが大好きである。大小、多くのセレンディピティの発見を見た。

一般の人にもセレンディピティということばは人気があり、小さな街路にセレンディピティという名をつけたり、喫茶店のようなところが、このことばを店の名前にするケースまであらわれた。

日本は対照的にセレンディピティに冷淡であって、一般の人で、このことばを知るのはごく限られていた。

近年になり、ノーベル賞を受賞した学者が二人（田中耕一《たなかこういち》博士と白川英樹《しらかわひでき》博士）も、自分の成果はセレンディピティのおかげであるということを、テレビなどで明らかにして、ようやく、このことばが、多くの人の知るところとなった。

セレンディピティということばが、一般に広まらないでいたのには、理由がある。

日本の学術、研究は欧米の先進文化を追い、それに学ぶことを眼目として、独創についての関心がそれほど高くなかったことと関係がある。

模倣はうまい。すぐれた製品はつくることができるが、基本の理論、技術をみずから創り出すことは、あまり、上手でない。それどころか、創造、発明、発見はむしろ不得手である。セレンディピティに冷淡であるのは、そういうことを背景にすると、きわめて大きな問題であると言わなくてはならない。

文系のセレンディピティ

セレンディピティはイギリスで生まれたことばである。と言うより、イギリス人によってつくられた造語である。

十八世紀の昔、イギリスにホレス・ウォルポールという文人、政治家がいる。あるとき、発見の方法を見つけて、それに、セレンディピティという名をつけた。そしてそれを友人に手紙で書き送った。その友人から広まったことばである。

そのころのイギリスでは、『セイロンの三王子』という童話が流行していた。セイロンはセレンディップと呼ばれていた。いまのスリランカである。

この三王子は、絶えずものを紛失するくせがあったが、それを探していると、思いもかけないものが飛び出してくる。そういうくせをもっていた。思いもかけない、偶然の発見をこの話と結びつけたのはウォルポールの洒落であった。

セレンディピティという語をつくったウォルポールは、科学上の発見に限ったわけではなかったが、後世、もっぱら自然科学における発見のことを指すようになる。文化的、人文系の仕事をする人たちは、偶然の発見などを期待することが難しく、いつとはなしに、セレンディピティをよそよそしく感ずるようになった。

このことばをつくったウォルポールは文人であった。人文系の人である。その人のこしらえたセレンディピティが、もっぱら科学、技術の分野でもてはやされて、文学などの仕事をする人に、ほとんど、その存在を知られなかったといってよい。

これは、セレンディピティの大好きなアメリカでもそうで、科学上の発見にのみ使われていたようである。

これは、学問、文化のあり方にも関わるが、いかにも不自然である。理系の研究に起こるセレンディピティなら、文系の研究にも起こってよいのではないか。そう考える人は少なかった。

その少ない人間のひとりであった私は、かなり早くから、文系のセレンディピティということを考えた。

理系の研究でセレンディピティが起こるのは実験においてであることが多い。文科の学問、研究では実験ということをしない。それで人文系セレンディピティがあらわれないのであると考えた。

そうして、人文学研究で、理系の実験に当たるものはなにか、ということを考えたのである。

それほど考えるまでもなく、読書が実験に近いことに思い至り、実験に近い本の読み方をすれば、文系のセレンディピティは可能であると考えた。

理系研究の実験にもっとも近いのは、手た当り次第、本を読む、乱読であるとした。

そういうことを考えていたとき、たまたま講演の依頼をうけた。

東京国際ブックフェアは毎年開催されるが、二〇一三年の大会に行なわれる講演のひとつを割り当ててきた。

ちょうどいい具合だと思って、「乱読のセレンディピティ」という題でなら話をすると言った。ブックフェア主催の係の人が、その題は、わかりにくい、と賛成しない。しかたがないから、〝読書と思考〟という題にした。しかし、乱読のセレンディピティに未練がある。サブタイトルにして、講演をした。

うまく話せなかった。やはり、テーマがふらふらしているからだ、と考えて、書き下ろしの『乱読のセレンディピティ』を出すことにした。

思いがかなったはずであるが、モヤモヤしたものが残った。

なお、セレンディピティにかかずらわる。そして、本を読むのは、たとえ、乱読であっても、思考実験としての性格が弱いということを考えるようになった。

古来、おびただしい本を読破した人は少なくないが、セレンディピティということとは無縁である。本の中から発見は生まれにくいのかもしれない。

乱読より乱談

あるとき、読書より放談、放言、談論のほうが新しいことの発見に役立つのではないかと思いついた。そういうおしゃべりなら折にふれて同志と何度もしたことがあるのだとわかり、自分でもびっくり、改めてセレンディピティという角度から見直すことをしてみた。

おしゃべりはたいへん創造的である。うまくすればセレンディピティの生まれる可能性は充分あると考えた。

おしゃべりではいかにも不恰好である。乱談ということばをこしらえて、セレンディピティを考えることにした。

はなはだ幼く、洗練を欠いている。これがベストであるという気持ちはないが、おもしろい乱談が多くなれば、これまで埋もれていたような新しい考え、発見が飛び出してくるに違いない。そう信じて、この本は書かれる。

4

3 乱読のセレンディピティ

2

自然科学への関心

私自身、どうしたわけか、文科の学生、教師としては異端と見られるくらい、自然科学への関心が強い。具体的なことはもちろん何も知らないが、科学にみられる理性というものに心ひかれる。きっかけは寺田寅彦《てらだとらひこ》のエッセイであろう。寅彦のエッセイは近代日本の示した最高の理性であると信じている。

セレンディピティにしても、自然科学の人とは違う関心と敬意をいだいてきた。いまやセレンディピティは科学の世界において、揺るぎない方法のひとつになっているが、文科系の諸文化にはほとんど作用を及ぼすことはないといってよい。そこで考えた。

文科的な分野においてもセレンディピティは作用するのではないか。実験室にセレンディピティを閉じ込めておくのはおもしろくないと考えた。

文科の研究に実験室はないが、さしずめ読書は、文科的思考、文科的発見のフィールドであるとしてよいだろう。

そう考えれば、読書が新しい活動の場を得ることになる。

読書といっても、小さな分野の専門書に埋没してしまっては話にならない。手当たり次第、おもしろそうな本を、読み散らす。

読書としては感心できないが、新しい思考、事実、視点などは、乱読によって飛び出してくるかもしれない。新しい雑学はおもしろいことを掘り出す有効な方法になるのではないか。そう考えて、〝乱読のセレンディピティ〟というテーマを思いついて得意になったが、腰を折られた。しかし、くじけない。なお外国でも通用するテーマではないかという自負がある。

「受身の読書」から「でたらめの読書」へ

読書によって思いがけない発見をするということは古来、あまり、なかったと言ってよい。知識を得るために、教えを受けるために本を読む。本がわかればそれでよし、知識が得られれば、それで結構。受身の読書である。そういう読書の中から、新しい発見、本にも書いてないようなことが飛び出したりするわけがない。そう考えるのが一般である。

受動的なのである。

若い研究者が、仲間と難しい専門書を読むことが少なくない。読書会などと言われて、受動的読書とは違った勉強をする。たしかに読書会によって、みんなで同じテクストを読むと、ひとりで読んでいては気づかないことがわかる。ふだんは気づかない自分の考え方のクセのようなものを、読書会で意識するようになったりする。すぐれた研究者で、読書会の経験のあるものが少なくないのは当然である。

読書会の読みは、個人の読書とは違ったことを教えてくれるけれども、限界もはっきりしている。

まず、同じ専門の勉強をしている人たちが集まる。当然、高度に専門的な本を取り上げて、みんなでツツクことになる。本にないことへ飛躍することはあり得ないし、あってはならない。

本を読んで新しいことを考えついたり、発見をするというのは、こういう読書会的精読とは無縁であると言ってよい。

新しいことを見つけ、考える力をつける読書は専門的であってはならない。小さな専門のスミには、発見は宿らない。

ていねいに、深く読むことは必要であるけれども、小さなところへ入り込むと外が見えなくなる。つまり、精読は、創造とか発見につながらない。多くの本を読めば読むほど知識は増えるけれども、その知識にしばられて、頭が自由にはたらかなくなってしまう。読書家はしばしばその穴に落ちるが、自他ともに、それに気づかない。

創造力、発見のできる頭をつくるには、でたらめの読書が役に立つ。手当たり次第、読んでみる。わからなければ飛ばすが、おもしろいところがあったら、じっくり、つき合う。そういう気ままな読み方をかりに乱読とすれば、セレンディピティが可能になるのは、乱読である。そう考えて、受動的読書のしばりを解き放ったと考えた。

乱読の隠れた力

乱読では、まとまった知識を得るのは難しい。専門家になることはできない。研究者にもなれないだろう。

その代わり、本に書いてないことを考え出すことはできる。一般に嫌われる乱読の隠れた力である。

文科系の人たちは、潔癖で、専門志向が強いから、はじめから、乱読など問題にしない。そして専門をやかましく言う。外では話にならないようなことも専門家の常識になっていることもある。そのつけが、非創造性として廻ってくる。〝重箱のスミをつつく〟というのは専門家の美徳である。新しいアイディアの生まれるゆとりがないのだ。

それに対するのが、ディレッタント（好事家《こうずか》）である。はじめから専門などをあまり気にしないで興味の赴くままに、いろいろなところへ首をつっこむ。

ただちに成果が上がるというようなことはない。雑学である。本モノではない。しかしおもしろいことを考える力がついていることが少なくない。

乱読すればセレンディピティが起こる、などということはない。空しい徒労に終わる乱読が大半、いや、ほとんどであることは認めなくてはならない。

それと同時に、セレンディピティが起こるのは、起こる可能性のあるのは、やはり乱読であるというのが、私の主張である。

4

談笑の妙

明治以来、話すことばを軽視

どうしたわけか、日本では、話すことばより書いたものを大事にする。仕事の上のことでも、〝話だけでは安心できませんというわけではありませんが、これまでのこと書類にして頂けませんか〟などと言う。話では信用できない、証文にしてほしい、というのは、ごく普通のことになっている。そしていちいちハンコを押させるのである（この頃は少なくなったが……）。

どうして、話すことばを信用しないのか。はっきりしたことはわかり兼ねるが、われわれの国は長い間、漢字という目のことばを大切にしたためであるかもしれない。

小学校の国語教育も、文字中心である。戦前は国語科という教科はなく、〝読み方〟と言い、教科書を〝読本〟と言った。読むのが中心。書くのは、名ばかり。やはり戦前、〝書き方〟という授業があったが、文章を綴るのではなく、毛筆で文字を書くのをそう呼んだ。文章を書くのは〝綴《つづ》り方〟と呼ばれたが、そのための授業は時間割には出なかった。

ずいぶん偏ったことばの教育であるが、明治以来、不思議に思う人もなかったらしい。

戦後、アメリカから教育視察、指導の教育専門家がやってきて、この国語教育に目をむいた。そして、改善を勧告した。いわく、

読み、書き、話し、聴くの四技能を並行して指導すること。

国語科も中学以上の英語にもこれが学習指導要領に明記されることになった。

ほかのことでは従順であった日本が、このことばの教育の指針に関しては、言うことを聞かなかった。それから六十年、文字中心、読み中心の言語教育がまかり通っている。それを咎める日本人はいないかのようである。

勉強とは本を読むことなり、と思っている。

社会では、生活、経験によって身につけた知識は「耳学問」などと貶《おとし》められた。

書くことばのほうが話すことばより高級のように思っている人は今なお少なくな

い。

文章のうまい人がたくさんいるわけではないが、うまい話のできる人は、名文家よりさらに少ない。

ある全国紙の名文記者とうたわれた人が幼稚園のこどもにお話をした。

「きょうは、フランダースの犬のお話をします」

と切り出した。最前列にいた園児が、

「ボクンチの犬、カラコルムだよ」

とまぜ返されて、絶句、ほうほうの体で退散した。記事を書くよりこどもに聞かせる話のほうがずっと難しい。そんなことはわからなくても大記者にはなれるのである。

ユーモア作家が、ある地方で講演した。いくら笑わせようとしてもすこしも笑ってくれない。みじめな気持ちで引き揚げた。

その控え室へ、いまの話を聴いた、という人がやってきて、「おもしろかった」と言った。講師が、

「でも、みんな、クスリとも笑わなかったじゃないですか……」

「わたしたち、ヒトの話を聴いて笑ってはいけないと教えられています……」

という返事。講師は返すことばもなかったとか。


そういう日本だが、高度成長期と言われたころ、講演が流行したことがある。地方の自治体などが主催、文化講演会を開いた。各地競争のようであった。新聞がそれを記事にする。たいてい「聴衆は熱心にメモをとっていた」とホメた。講話のメモをとるのはいけないことはないが、まっとうな聴き方ではない。メモを書いているうちに、おもしろい話が耳から抜けていくかもしれない、ということを、聴衆も記者もご存知ない？

談論風発のエネルギー

近年、本が読まれなくなったといって嘆く声が高まっているが、読書信仰の言わせることであるかもしれない。昔の人が、すこし読みすぎたのであろう。

それに、人の話を聴くのは、読書ほど有益でないという通念がはたらいて、読書の衰退をことさら心配する。話を聴くのは、ことに意味のある話を聴くのは、本を読むのとは違った知的活動である。そういうことを、文字中心にことばを勉強してきたわれわれは、なかなか、気づくことができない。

この本の前の『乱読のセレンディピティ』のことを考えているときに、乱読のセレンディピティは、科学の人が実験をしていて起こるセレンディピティに比べると、ずっと困難であることがわかってきた。これまでの長い歴史の間に、文科のセレンディピティがきわめて少ないのも当然であるように思われる。

乱読といっても、ひとりの人間の読書である。その世界は、小さく狭い。そこから発見が起こる確率はたいへん小さいと想像される。

読書は高尚であるが、雑談は通俗である、と考えている人にとって、乱読のセレンディピティが、これほど難しいのなら、雑談、乱談のセレンディピティの可能性はさらに小さなものになると考えられるであろう。

『乱読のセレンディピティ』をなんとかまとめたあと、読書より知的閑談の方が大きな潜在力をもつのではないかという着想を得た。

本を読むより雑談、おしゃべりをしたほうが新しい考えにめぐりあうチャンスは大きいのではないか。

読者は本と一対一で相対する。情報は本から一方的に入ってくる。読者はそれを理解するのに多忙で、自分の反応を自覚することは稀で、もっぱら受容につとめる。それをきっかけに読者が独自の考えを誘発されるというようなことはきわめて少ないと考えられる。

それにもかかわらず、乱読すれば、セレンディピティが起こりうるというのが、前著『乱読のセレンディピティ』である。

その一歩、二歩先に、談論のセレンディピティがありうる。それどころか、かなり有望であるということに気づいて、『乱談のセレンディピティ』のアイディアが生まれた。話すことばは決して文字、文章に劣らない力をもっている。それどころか、はるかに大きなエネルギーをもっているのではないかと考えたのである。

文字、文章、書物信仰ともいうべき文化の中で育ってきた人間にとって、読書より会話、雑談のほうがすぐれた思考の方式になりうるということを納得するのは、なかなか困難であった。

読書が知的活動として、その割に有効でないことが多いのは、読者がひとりで本と相対することで、しかも、発信は本に決まっている。読者がフィードバックすることはむしろ例外的である。孤独なコミュニケーションで、そこから新しいもの、未知のもののあらわれる可能性は残念ながらきわめて小さいと言ってよい。

読書家と言われる人は、ありあまるほどの知識をもっているが、自らの思考、思想、知識をもっていることは少ないのは、むしろ当然であるといってよい。あまりにも受動的なのである。

談話の相手がひとりの対話では、少ないのである。

談話は三人になると、ぐっとおもしろさが増す。二人では出ないようなことが話題となって話に花が咲く。その情報は対話とは比較にならないくらい多くなる。

もっとたのしい語らいは、四人、五人が気兼ねなく思ったことをしゃべる雑談で、さらに多くのことが飛来し、ひとりひとりを刺激する。めいめいがそれに反応して思ったこと、ときには、思ってもみなかったようなことをしゃべり散らすことができる。談論風発。時のたつのを忘れる語らいになる。

〝おもしろさ〟は発見の前ぶれ

ただ人が集まればいいというわけのものではない。細かい問題の〝専門家〟だけで集まってみても、とても、乱談にはならない。なんとなく、競争心がはたらき、遠慮もあって、本当に関心のあることは避けて、当たり障りのないトピックをつつき合う、というようなことになりやすい。大学などで同じ学科の同僚が相手の雑談が、すこしもおもしろくないのは、互いに近すぎるのである。

互いにわからないところの多い人間が集まると、妙な警戒心はないから、存分におしゃべりができる。

それがほかの人たちにさまざまな刺激になり、それに触発されて、思ったことを言う。それがまたほかの人を動かし、話して座がにぎやかになる。自分でもそれまで考えたことのないことが、この乱談のスクランブルで飛び出すことも少なくない。自分ながら、ひどく〝おもしろい〟と思う。乱談でないと経験することのできない〝おもしろさ〟である。

この〝おもしろさ〟を大切にしないといけない。一時的なこととして忘れてしまうことが多いようだが、人生において、もっとも、価値のある思いであるということもできる。

その〝おもしろさ〟は、発見ではないが、その前ぶれなのである。そのもう一歩先、もうすこし掘り下げたところに〝発見〟がある。ただのおもしろさとして忘れてしまうのはもったいないのである。

乱談のたのしさは、この〝前セレンディピティ〟ともいうべき〝おもしろさ〟をふんだんに与えてくれることにある。時を忘れた、というのは、その魔力にかかっていたことの証拠である。

そう考えると、セレンディピティはもっとも多く、乱談から生まれるという一見、奇妙なことばが生きてくる。

5
三人会

和漢洋の雑学勉強会

授業を終えたが、なんとなくすぐ職員室へ帰る気がしない。校舎と校舎をつなぐ渡り廊下でぼんやり空をながめていたらしい。

「どうした？」

という鈴木一雄くんの声でわれにかえる。

思うように自分の勉強ができなくて、おもしろくないのだというようなことを打ち明けると、あとで話そう、自分も同じ思いだと鈴木くんが言う。

そのあと、二人で相談して、雑学勉強会をしようということになる。二人では淋しい。お互いの同期である鈴木修次くんも仲間にしようとなった。三人とも、東京高等師範学校附属中学の教師である。鈴木一雄くんは国文学、鈴木修次くんは中国文学、外山は英文学。和漢洋、三才の会だが、おとなしく三人会を名乗ってスタートした。

正直なところ、私はそれほど期待していなかった。両鈴木くんとは違い、英語、英文学をやっていた、というより、やろうとしていた私は、ひどい不安をかかえていた。

戦争の始まる八カ月前に、まわりの反対を押し切って英文科へ入って、いろいろ人に言えない、いやな思いをした。しかし、それは半ば覚悟していたことだから、どんどん退学していく同級生をなんとなく蔑《さげす》んでいた。

学校では差別されることは少なかったが、町の連中がいけない。スパイのことばをやっている奴に部屋は貸せないと下宿のおやじに言われて、しょげている友人がいた。朝、電車の中で、その日の英語の下調べをしていたら、人品いやしからぬ紳士に平手打ちを食わされた、という話をしたクラスメートにみんな声もなかった。

私がいやだと思ったのはそんなことではない。

戦争に負けたとたん、手のひらを返すように、アメリカ万歳というようなことを言い出した世間に強く失望、腹を立てた。もののわからない連中ならともかく、れっきとした出版社の社長が、戦争中のことを忘れたように、「これからは英語だ」

などとホザく。

戦争中、あれこれ、いやな思いをさせられた英文科の学生、卒業生が、アメリカ軍のアルバイトを生き甲斐にしたのは、不潔であった。進駐軍から缶詰やタバコをもらって得々としている仲間を見て、情けない思いをした。食べるものもない中、勉強をしようと思った。

目先のきく連中は、さっそく、アメリカの現代文学を読み出したが、私は、アメリカから離れたい、現代から離れたい、と思ってそのころ大学生では手を出すもののなかった十四世紀の英文学に没頭、ひところ現代英語のスペリングがおかしくなるほど中世英語の勉強をした。

思えば、英語の教師にはもっとも不向きであった。勤めがおもしろくないのは、当然だった。実際、中学校の英語を教えるのはまったく知的刺激がない。附属中学校というところは、教生（教育実習生）ずれしていて、新米の教師などは問題にしない。

（大学在学中、アルバイトをした。オンボロ中学で、入学以来、一度も英語の授業を受けたことがないという三年生を任されて、生徒と心を合わせて勉強、一年で三年分の教科書をやり終えて、生徒といっしょに喜び合ったことがあり、中学生を教えることはおもしろいと思ったが、附属中学の教師になったのは、つまり、こちらが悪いのである）

「時のたつのを忘れる」とはこのこと

三人会は、月一度、日曜に開く。午前十時ごろ、めいめいのウチを持ち回りの会場にして集まる。家人をわずらわすといけないというので、ヒルは近くの寿司を出前でとってすます。夕方にはお開きということで始めたが、終わるのが惜しくなって、夕食もしてからもしゃべった。

なにをしゃべったのか、お互いよくわかっていなかったらしいが、とにかく、楽しく、おもしろく、刺激的であった。時のたつのを忘れるというのが、ただの修辞でないことを、この三人会で教えられた。

鈴木一雄くんは平安朝文学、『源氏物語』が専門で実によく勉強した。鈴木修次くんは中国文学、漢文学をひろく勉強していた。それに比べて私の英文学はフラフラして心もとないのだが、幸いに両君は、英文学のことはあまり、ほとんどご存知ない。

それがよかった。遠慮なく勝手なことをしゃべっても、「ホウ」とか「なるほど」などと言って聴いてくれる。それで調子にのって放言まがいのことをふりまく。それでも、相槌を打ってくれる。そういう会がおもしろくないわけがない。

鈴木一雄くんの話はすこぶる真面目なもので、日本文献学にしたがうものであった。私は、かねて、『源氏物語』の原本が忘佚《ほういつ》し、鎌倉期の写本が最古である点に強い疑問をいだいていたので、作品のもっともよいテクストは初版本であり、さらに原稿に当たるものがあれば、それがもっとも権威のあるものとする文献学に異をとなえて、一雄くんと言い合った。修次くんも、原典至上主義には懐疑的であったから、三者の間で勝手なことを言い合った。私はよるべき作品をもっていなかったが、原本、原典よりも、後にあらわれる異本の方が有力であるケースがあるという仮説のようなもののきっかけをとらえることができたような気がした。

鈴木修次くんは、中国本土の漢文学とは別に日本へ渡来した日本漢文学の問題に興味をもっていたようで、文献学とは違った文学を考えていたらしい。

鈴木一雄くんがもっとも正統的文学研究者であったが、ほかの二人の異端の説によってかなり新しい見方をするようになっていた。何しろ、勉強家で、多くのことを知っているために、自分の考えをはっきりさせるのに苦労したようで、五十年後に、学位論文でそれを開陳するところで亡くなってしまった。

言いたい放題のスクランブル談話

三人会は、毎月、欠かさず開いた。六十回目くらいまでは一雄くんの丹念な記録があったが、紛失、いまはない。

談論風発ということばは知っていたが、実際は知るべくもなかった。三人会で、これがそうだと思うようになる。

ひとりでは決して出てこない考えが、次々あらわれるから忙しい。反論しても、言い合いにならないのは、互いに、能力を評価していたからである。

Aの言ったことが、Bではね返ってCにいき、そこでまたはね返ってA、Bへ及ぶ。そういうことを繰り返していると混乱、騒然となるが、すこしもうるさくない。大きな交差点でスクランブル交差というのがあるが、三人会のおしゃべりは、スクランブル談話のようなものだった。

放談である。しかし、それをやさしく受けとめてくれる人がいる、というのは、新鮮である。

そう簡単によい考えがあらわれるわけではないが、勝手なことを言い合っていると、そこに何とも言えない〝おもしろさ〟が生まれる。知的な〝おもしろさ〟の発見がある。

イギリスのアーサー・ウェーリーが『源氏物語』を英訳して、世界中で読めるようにしたことについて、日本の国文学界では、あんなに原典を改変するのは翻訳ではない。冒涜であるという抗議について、私はウェーリーは原典をそっくりそのまま欧文にしようとしたのではなく、異本をこしらえたのである。それは、日本人にはできないことであって、日本人がそれを批判するのは正しくないと主張し、一雄くんを悩ませたが、外国の文学に対する考え方において、ウェーリーは新しい考えをもっていたのではないかと私は考えた。

ウェーリーが、日本から招待されてもついに一度も来日することがなかったのは、すばらしいことである。

そういうことがあって、外国文学の研究には留学してはいけない。外国にいるから外国文学なのである。たとえ一年でも二年でも、その国へ行けば、〝外国〟文学は消滅する。そういう理屈をこね上げて、まわりが喜々として留学するのを横目に、とうとう、私は七十年、一度も、イギリス、アメリカの土を踏まなかった。三人会の放談から生まれた発見である。

一雄くんが心配した。キミの言うこともわかるが、行けるなら行ったほうがよくはないか、行けば学ぶことが少なくないだろう。

親切はありがたいが、留学はよろしくない。キミらだって、そうではないか。平安朝へ留学しなくても、ちゃんとした研究をしているではないか。行きたくても行けないから始末がいいのだが、もし、行けるとしても、平安朝へ留学するのは、自然の理に反するように思われる。千年の後世にあって、はじめて見つかるものがあるのではないか。

ただのおしゃべりではない

中学校の教師として始めた三人会は、数年すると、三人とも大学へ移り、講師、助手に身分は変わったが、三人会は十年一日のごとく続いた。

発足から十年くらいして、三人とも、東京教育大学文学部の助教授となっていた。そこへ東京教育大学の筑波移転問題が起こる。もちろん三人とも反対である。しかし、政治力を背景とした移転問題だっただけに、反対がつぶされるのはわかっていた。

私はまず最初に、大学を変わることにした。ほかの二人はなお反対にのぞみをつないでいるようであった。

私は、近くのお茶の水女子大学にひろってもらったが、両君は、数年がんばって破れた。一雄くんは金沢大学、修次くんは広島大学へ移った。三人会はちりぢりになってしまったが、つぶしてしまうのは惜しい。

何とか都合をつけて三人会をしよう。三人とも会うのが楽しみであった。修次くんが、ホテルニューオータニを定宿にしていたから、彼が上京するのに合わせて、ホテルに泊まり、ほとんど徹夜でしゃべったこともある。

ただのおしゃべりではない。

互いに、自分の志すところをもちながら、仲間の話をあたたかく受け容れる。自分で気のつかなかったことが、その場の空気におびき寄せられるように、あらわれるのだからたまらない。

乱談は、〝おもしろさ〟を生む。〝おもしろいこと〟を見つける力をもっている。

いくらすぐれた本を読んでも、心を許した仲間と心おきなく語り合う、おしゃべりにまさるものはないように思われる。読書と談笑はまったく別の世界で、古来、読書を大切にし、談論を軽んじたのは、間違っている。談論をゴシップと混同して起こった誤解がいつまでも生きのびているのは情けない。

7

6

月光会

5

イギリスの産業革命を生んだ知的クラブ

イギリス人はあまり頭がよくない。ドイツ人は、そう思っているらしいが、どっこいイギリスにはびっくりするような天才が生まれるのである。ときどき、おどろくべき発明、発見をする。

ジョゼフ・プリーストリーは、酸素の発見者として知られる大学者であるが、「私の学問上の仕事の大半は、〝例の会〟で仲間から受けた励ましのおかげでできたようなものだ」と述べている。

〝例の会〟とはルーナー・ソサエティ（月光会）のことである。月一回、満月の晩に集まって、談笑の間、いろいろな問題を話し合った。満月にちなんでルーナー（月の）という名をつけたらしいが、まわりの人たちは、そんなことがわからない。ルーナー・ソサエティではなく、ルーナティック・ソサエティであると陰口をきいたものもいたらしい。ルーナティックというのは、月の影響で頭のおかしくなった人間のことで、さしずめ、変人会、といったことになるが、これがイギリスを躍進させることになった。スコットランドはエディンバラ、一七八〇年代。

会の中心はエラズマス・ダーウィンである。といってもわかりが悪いが、進化論のチャールズ・ダーウィンの祖父であるといえばいくらか身近に感じられる。

エラズマス・ダーウィンは名医として知られていた。ときの国王ジョージ二世から侍医になってほしいと頼まれたが、〝愚者がひとりでは退屈〟といって断わったというのでも人気があった。その主宰する会合に、すばらしい才能のある人たちが集まった。月夜の道を馬に乗ってやってくるメンバーもいた。

先のプリーストリーより有名なのは、ジェイムズ・ワットである。彼も、蒸気機関改良のヒントを、この月光会でもらったと述べていたという。そのエンジンを実際にこしらえた技術者マシュー・ボールトンもメンバーである。この改良蒸気機関によって産業革命が起こったといわれるほどの業績である。大学や研究所においてでなく、知的クラブから生まれたのがおもしろい。

そのころガスは熱源として使われていたが、月光会のマードックはこれを光源にして、ガス灯を発明し、夜を明るくすることに成功した。エラズマス・ダーウィンは医師であるのに、あるとき、機械工学についての卓見を吐いて、一同を煙にまいた、といわれる。専門を持っていてもそれにこだわらなかった。

先に名をあげたプリーストリーは、あるときは宗教論をぶって、仲間と揉めたことがあったが、教育についての関心も高く、「学校英文法基礎」という著書を出した。

小さな専門などまるで問題にしないところが強みで、新しいもの、新しい考えがいろいろ生まれ、社会を変えることになった。

ただの理屈をよろこぶのではなく、なにか具体的なモノ、コトをつくり出すところがすばらしい。

専門の違う人たちが、思ったこと、考えたことを、自由に述べ合う、というのは、実際には、ほとんど考えられない。

どうしても同じことをしている人たちが集まる。そういう会のおもしろいわけがない。

こんなことを言っては、笑われる。怒る人がいるかもしれない。そんなことしかわからないか、とバカにされるおそれは充分。余計なことは言わないにかぎる、と思って、それこそどうでもよい余計な話題でその場をつくろうことになる。

大学の学科の談話室などでおもしろい話の聞かれることがないのも、していることが同じようなものだからである。互いに警戒している。遠慮し合う、本音を口にすることは憚《はばか》られるから、差し障りのない、世間話でお互いをダマし合っているのである。

月光会が歴史的成果をいくつも残したのは、めいめいが異なった世界にいながらお互いの意見を尊重する雅量があったからだと思われる。

気候と同質性の放棄

そういうオープンな会合は、やはり、気候の厳しいところで発達するようである。気候温暖なところでは自然がおもしろい。外へ出て動きまわるのがたのしい。それに反して、寒冷の地では、家の中で暖をとる。みんなでおしゃべりをする。ひとりなら本を読む。いずれにしても知的な生き方をする。

月光会にしても、南欧では生まれないだろう。ヨーロッパの最北、決して快適とは言えないイギリスだからこそ、仲間とのクラブ的交流が起こりやすい。同じイギリスでも南のウェールズなどでは月光会は生まれにくい。

日本は、北欧に比べたら、はるかに自然にめぐまれている。ことに太平洋側は、快適気候に恵まれている。それはいいが、人と話し合う、考えを出し合うなどということのおもしろさを知らない。

誤解をおそれずにあえて言えば、温暖な環境にめぐまれている土地の人たちは、どうしても外向的になる。行動的である。深くものを考えるゆとりがありすぎて、ゆとりがなくなる。私自身、そういう土地で育って、思考力に欠けている、と自覚している。思い違いかもしれないが、すこし当たっているような気がする。

新しいことを見つける。

新しい考えをもつようにする。

やはり、気候などだけに支配されることではなさそうである。生活の様式が問題である。

ひとり孤立して生きていくには大きな工夫が必要であるが、発明したり、発見したりすることは考えられない。

集団として生きていく〝生活〟が始まると改良・改善が必須になり、人間は、集合、団結して、活動することを考える。そして、大小の社会が生まれる。

その社会は同類、同質の世界である。それから外れるのは反社会的で、なんらかの罰を受けることになるから、保守的になり、進歩を忘れることになる。同質度の高い組織は活力を失って衰弱する。

それをまぬがれるには、同質性を放棄する必要がある。めいめい違った個性をもっているものが力を合わせたときに、新しいものが生まれるのである。

多様性の力

月光会は、そういう、多様性の力を示しているように思われる。メンバーが、それぞれ違ったことを専門にしながら、その境界にこだわらず、自由に、知的交流することで、固定化した思考、技術、文化が、新しい生命をもつ。

月光会は、それを示している。

歴史は、その力を認めることがおくれて、固定化を文化の進展と誤解したのである。それを支えてきたのは書籍中心の知識であると考えたくなるけれども、ここが考えどころである。

月光会は乱談のもっともよい形であったと考えることができる。類をもって集まるなかれ、トリなき里のコウモリは賢くある、と言ってよいかもしれない。

7

文殊の知恵

ひとりの限界

本が手に入りやすくなったからであろうか。ここ百年あまり、好学、向学の人は本ばかり読んで、喜び、誇っていたようである。

本に書いてあることは頭から信用し、せっせと頭に入れて、異常になっているのも知らない人があらわれた。知識メタボリック症候群とでもいうべきであるが、そんなコトバもなかったから、意気の悪いのが「何でも知っているバカ」（内田百閒《ひゃっけん》）という警句を口にしたりしたが、一般には博学多識はあこがれの的であった。

近代文化、ことに学問が、自然科学の発達に比べて、はなはだ、力強さに欠けるのは、一人で本を読むことが勉強であると考えるところに原因があると思われる。

本を読むのは孤独な活動である。モノ言わぬ文字を勝手に読みとり、頭に入れるのも、モノを倉庫へ運びこむようなもの。知識はすべてひとのこしらえたもの、集めたもので、当人のこしらえたものではない。学者などと言っても、倉庫番のようなもの。自分で考えたこと、つくり出したもの、生み出したことはひとつもないのが普通である。

本を読むことは、これまで考えられてきたほど高度の知的活動ではないのはすこし考えてみればわかることである。あまりすぐれていない本を読めばむしろ、害あって益はない。

とにかく、ひとり、というのがいけない。ひとりでできることは知れている。達《だる》磨《ま》大師は面壁九年《めんぺきくねん》、考えに考えて悟りを開いたとされているが、やはり、普通の人間ではない。

二人の難

二人で考えるには話し合いが必要になる。話し合いに文字は不要で、流れることばを絡み合わせて、考えをすすめる。

本とにらめっこをしてきた人間には、目の前にものを言う人間があらわれると、大いに勝手が違う。うまく絡み合って、おもしろい考えを生み出すことはうまくない。

互いに自己主張するから、何でもないことで言い合いになる。論戦など見苦しいことを始めて、互いに鼻白む思いをする。人には会いたくない、といって、孤高を誇るのである。

仲のいい二人は、本気になって話し合いをしない。差し障りのない四方山《よもやま》の雑談でお茶をにごす。二人の知的協調というのが、たいへん難しいようで、古来、わが国には、その例がないと言ってよい。ヨーロッパには少ないながら、共作の作品がのこっているが、やはり例外的と言ってよいだろう。

三人の力

ひとりではダメ、二人でもうまくいかないが、知的発見は三人ならずっとうまく行くということを昔の人も知っていた。

「三人寄れば文殊の知恵」ということわざがある。読書信仰の強い日本である。このことわざの意味が半ばわからなくなっている。

辞書に当たってみる。

「平凡な学者でも、三人が集まって相談すれば、よい知恵が浮ぶものだという意」(岩波ことわざ辞典)

本当は、そんなことを言っているのではない。学者が三人集まるのではなく、人が三人集まって、話し合っていると、文殊のような知恵が飛び出してくることがある、といっているのである。

三人が学者である必要などまったくない。学者といわれる人は、わけもなく集まって雑談などするのは時間の浪費だとバカにするにちがいない。ただの人でいい。三人が集まって考えを出し合えば、たいへんな名案が浮かぶ。

ひとりではいけない。二人でも足りない。それが三人になると、知恵が出る。ひとりだけならひとり言。知的なひとり言はあまりない。二人の対話はことばの交換に終わりやすく、新しいものが生まれることは難しい。

三人の話し合いは、新しい力が生まれる。相手が二人いる。それぞれが、反応するからことばが重層的になる。混乱するが、エネルギーをはらんだ混乱で、めいめいに強い印象を与える。おもしろい談話が生まれる。そのおもしろさは、本を読んで得られる満足感、気持ちのよい対話をしたあとの爽快感と違った生産的エネルギーを内蔵する。うまく引き出せば文殊の知恵である。

ひとりの考えは、いわば点である。二人の話し合いは、線と面をつくることができるが、平面的であるのは是非もない。三人寄れば、立体的コミュニケーションが可能になって、点的思考や平面的思考では及びもつかない複雑、混然の豊かさをとらえることが可能になる。

知的興味の様式

それを実際に試みたのではないかと思われるのが座談会で、これは日本の発明である。世界に誇ってよいことなのに、外国模倣病にかかっている日本はいまだに、座談会、それを活字にした座談会記事が、新しい文化であることに気づかない。

座談会は、大正の終わり、菊池寛《きくちかん》編集の『文藝春秋』が始めた様式である。菊池寛の考案だというのには、当時編集部員であった人のアイディアだという説もあってはっきりしないが、『文藝春秋』の編集者が集まって知恵を出し合ったところから生まれた文殊の知恵とすればいいだろう。

とにかく、世界に誇っていい発明である。欧米も、おくれて、三人寄ればの知恵にあやかろうとして、シンポジウムを始めた。テーマを決めて、それについて何人かのスピーカーが知見を開陳する、というものである。模倣好きな日本のこと、さっそくいろいろなところで、シンポジウムが開催された。

わが国で行なわれたシンポジウムでも成功したものもあるに違いないが、五十年たったいま、一般の記憶にのこるようなものはほとんどなかったといってよい。そのせいか、いまはシンポジウムで人を集めることは難しい。

おもしろくないからである。

そこへ行くと座談会はおもしろい。三人寄れば文殊の知恵、というほどではないが、知的興味ということから言えば、もっとも有力な様式であると考えている。

ボン・ジュールならぬモン・ジュール

文殊の知恵に挑戦しようというのではなく、おもしろい放談会、乱談の会をつくってみたくなった。

メンバーをそろえるのが苦労である。世間が狭いから、広く人材をそろえるなどということができるわけがない。仕事の関係で出版関係の人を集めた。三人では少ない。六〜七人くらいいないと文殊の足もとへも近づけない。そう思って、新聞記者、雑誌編集、印刷会社員、出版社主、雑文家、出版営業マンで六人。

月に一度、夕方から酒少々、食事をしながら、文字通りの雑談をたのしむ。ときにたいへんたのしい、おもしろい、と思うこともあるが、たいていは、おだやかな雑談をたのしむ。文殊の知恵には及びもつかないが、おもしろいことに気づいた。なんとなく体調がよくなくて、しょぼくれて会に出ることもあるが、不思議なことに、帰りは別人のようになっている。健康効果はたしかである。夢中になってしゃべっていると、心身のストレスが吹き飛ばされるのであろうか。

会の名前をモン・ジュールという。

文殊の知恵にあやかりたいという思いをこめ、ボン・ジュールにかけて、モン・ジュールにしたのである。

8

脱線

雑談授業

「一般教養の授業をしたいのです」

つとめている大学がいやになって相談にのってもらった哲学の教授に、そう言うと、

「変わってるね。英文の人はみんな一般英語を嫌っているじゃないですか。どうして、好きなんですか……」

それで、勉強しない一般教養課程の授業のおもしろさをちょっぴり打ち明けた。

実際、他学科の新入生を相手にする授業が好きであった。若い教師は専門の講義などさせてもらえないで、教養課程の一般英語を押しつけられる。若い教授は、うんざり、いやいや授業するから、学生から高校のときの英語以下だなどと思われていたらしい。

私は、一般英語の授業が好きで、一度も不満に思ったことはなかった。ほかの教

師の嫌がる、朝八時からの授業もよろこんで引き受ける。そのうちに、金曜の第一時限のクラスを毎年、担当することになった。理学部の二年の学生が受けることになっていたのに他学部、他学科の学生が流れ込んで、五十名定員のクラスが百名近くにふくれあがり、期末試験の採点に苦労した。

雑談ばかりして、テクストはすすまない。脱線ばかりしていて、教科書は半ページも進まない時間も珍しくない。学生はそれに目を付けていたのかもしれない。学生は実によく笑った。

はじめは何とも思わなかったが、笑うのは六〇パーセントくらいは理解したというサインであることに気づいて、よく笑うクラスを好んだ。

ある年、専任の大学のほかに、T、G二大学の同じ新入学生のクラスを教えることになった。同じテクストを使い、同時進行で授業をした。おどろいたのは、笑い方がまるで違うのである。T大学は日本一高い偏差値の学生が集まっていた。本務の大学はそれに次ぎ、G大学がもっとも低いと言われていた。

ほぼ同じように進めた授業だが、T大学のクラスは実によく笑った。本務の大学がそれにつづき、G大学は、もっとも笑いが少なかった。笑うにはそれなりの知力が必要なのかもしれない。それと同様、教師としてよく笑わせるのは、知的刺激が多いのである。勝手にそういう理屈をつけて雑談授業に力を入れた。

それとは別だが、体育学部の英語はすこし様子が違う。あまり笑わない。すこし学科の勉強をバカにしているようでもある。運動、競技ですぐれていれば英語なんか、どうでもいい、というように見えたので、お灸をすえてやろうと思った。

陸上競技で、二メートルの高さを跳べば得意になるが、身長一七〇センチもあるのが、二メートルを飛んだからといって大騒ぎするのはおかしくはないか。原っぱのバッタは何センチの身長か知らないが、数十メートルを飛ぶらしい。身長の何百倍だ。人間は高跳びではバッタの敵ではない。しかし、バッタは、人間には及びもつかない。バッタは役に立たない英語の勉強などしないからである。授業をおろそかにしていれば、バッタ・スポーツになる。当面役には立たないが、頭を鍛えないとバッタに笑われる。

そんなことを調子に乗ってしゃべっていると手を上げたのがいる。何だと聞いてみると、ボクたちだって勉強しているものもいます。十把ひとからげに、バッタ扱いは迷惑です、と言った。これには参った。言い過ぎだったとみんなに詫びたら、みんな大声で笑った。

その抗議した学生が二年後のオリンピックでメダルをとったので、いっそう恥ずかしい思いをした。

他の学部のクラスにはまた別のおもしろさがある。

『パーキンソンの法則』

アメリカの雑誌『タイム』が、おそらく、ダーウィン以来の大著だと言って、『パーキンソンの法則』をほめそやした。まだ洋書の輸入が自由でないころで丸善で聞いたが、本自体をよく知らない。間もなく、東京で国際ブックフェアが開かれたので行ってみると、あった。買おうとしたら、見本が二部あるだけで、売れないと言われる。

半年待って本を手に入れた。なるほどおもしろい。一般教養クラスでテクストにしたいが、値段も張るし学生に買ってもらうわけにはいかない。それに学生のこと、せいぜい二十ページくらいしか読めないだろう。抜粋《ばっすい》本を海賊出版しよう。手はじめにクラスに諮《はか》った。事情を話して、二十四ページのテクストを私家版としてつくる。違法である。もし諸君の賛成が得られなければ、この話はないことにする。

全員、大賛成。

さっそく知り合いの印刷所に海賊版をこしらえてもらい、実費で学生に買ってもらった。

この『パーキンソンの法則』がおもしろい。毎時間、脱線しながらたのしんだ。書き出しに、ことわざがあって、ことわざの知恵というものを改めて知らされると同時に、ことわざの論理についての私見を述べたりした。

学生はただ笑っているだけだ、と思っていたが、そうでもないことがわかった。全共闘の連中が騒ぎ出すすこし前だが、おかしな噂を耳にした。

授業をテープにとって、持ち帰り、寮の電気が絶えず消えるから、仲間が集まって暗闇の中で聞いて、たのしんでいる、というのである。

主謀者はUくんである。単位の必要もない三年次になっても、私のクラスへ紛れ込んで、そのころ流行したばかりのテープレコーダーで録音したという。

著作権という問題ではないが、本人の知らないところで笑いものにしているのは怪しからん、テープをよこせと言ったが、言うことをきかないので、そのままになった。学生がおもしろがっている、というのは、教師としても、悪い気はしない。漫談のような授業だと思った学生がいたのはたしかだが、漫談としては芸がない。乱談というなら、すこしは、当たっているかもしれないと思ったりする。

知的な笑い

授業中の笑いをはじめのうちは不真面目のように思っていたが、先の三大学の比較などを見ても、頭がよくないと、よくはたらかないと、笑えない笑いがあることに気づいた。

すっかり全部わかった話では笑えない。そうかと言って、まるでわからなくても、もちろん笑ったりできない。半分よりすこし多く、六、七割方わかったと思うときに人は笑うようになっているらしい。

新しいことにはおどろくが、笑うことはできない。よくはわからぬが、わかったような気持ちになると、緊張が解けて、破顔一笑となる。つまり、笑いは半理解、半発見のサインである。笑いは創造的エネルギーを含んでいるが、笑って発散すると、あとに残るものが少ない。すぐ忘れてしまうのが笑いである。

本当のことばかりの話では笑いたくても笑えない。はじめから冗談とわかっている話も、顔では笑っても、心は醒めている。ちょっぴりわからないところがありながら、なにか、おもしろそうなとき、人は、知的な笑いを笑うのであるらしい。

英語の講義は、ふつう、だれかを指名して音読させ、それを日本語に訳させるということを繰り返す。前もって決めてあることはない。その日、突然、指名されて、「読んで訳してみなさい」などと言われて、うまく切り抜けるなど、よほどの語学力がないとできない。教師だって、できるとは限らない。おかしなものだが、明治以来、それを毎週、やっているのは、近年まで変わることがなかった。学生が英語嫌いになるのは是非もない。間違った訳を聞かせるのは、ほかの学生にとってもよくないことである。

私は、学生の訳読を一切とりやめ、自分でどんどん訳して行く授業をした。テクストがおもしろくないといけない。それはすべての語学教師の心がけるところで、あれこれ考えて、短篇小説がいちばんおもしろい、となった。教師自身、かつては文学青年だったから、理屈っぽいものは避けられる。恋愛小説をチビリチビリ読んでいくのはじれったい。愛のことばが出るまでに三カ月もかかる。超スローモーションであって、おもしろさなどとっくに飛んでしまっている。

小説はテクストになりにくい。理屈なら、いくらゆっくり進んでいても退屈だということはない。同じことを二回でも三回でも読むことができる。

ことわざの論理

先に引き合いに出した『パーキンソンの法則』は、はじめのところに、〝忙しい人ほどヒマがある〟ということわざが出てくる。ことわざなど古くさいと思っている学生に、ことわざのよさを教えてやろうと、さっそくテクストを離れて脱線した。忙しいほどヒマがないというのは常識で、それをひっくりかえしたことわざがおもしろいのは、発見を内蔵しているからで、ものを考えない頭にはわからない。

「田舎の学問より京の昼寝」というのは古い日本のことわざだが、いつの間にか、意味がわからなくなってしまった。新しく意味を考える人もなくて、ことわざ辞典などでもいい加減な説明がしてある。

「田舎の学問より京の昼寝」というのは、〝忙しい人ほどヒマがある〟とよく似たことを言っている。忙しい人は、仕事が早い。面倒なことでもさっさと片付けてしまい、昼寝ができる。それに対して、時間のある人は、グズグズしているから、つまらぬことに時間をかける。いつも仕事に追われて忙しい。その微妙なところを、ことわざが衝いている。ことわざの発見である。

脱線して漫談もどきのことをしゃべっていて、ことわざにも論理がある、ということに気づいた。常識とは違う論理である。文章から生まれたものではなく、生活や談話の中で生まれるのが、ことわざであり、ことわざの論理であるという仮説をこしらえた。

脱線の効能

電車や列車は、軌道の上を走る。脱線しだしてはコトである。安全第一。それはそれで結構だが、電車が決められたコースを走るのは退屈である。無事目的地へ着いたからといって、すこしもおもしろいということはない。

そこへ行くとクルマはすこし違う。むやみとコースから外れることは許されないが、直線道路を何キロも走っていると、魔がさすのか、事故が起こりやすい。それで、高速道路などは、わざとS字型のルートにするという不合理を考えた。

足で歩くのは、列車やクルマに乗るのとは違う。決まった道があっても、すこし道草を食っても、脱線だなどと言われることはない。道のないところへ迷い込んで思いがけないものを見つけることができる。乗りものに乗っている人が目に留めにくいものも、そぞろ歩きの人はとらえる。散歩が、健康だけでなく人生的意義をもつのも、脱線ならぬ脱線が可能だからであろう。

乗りものの脱線はいけないが、談話の脱線は文化を豊かにする。決まり切ったことをそのまま話しても、すこしもおもしろくない。

小学校などで、朝礼には校長などの訓話があるが、これをまっとうにできる校長、教師が少ない。それで校長模範訓話集といったものが出まわっているという。方々で同じような話をきかされて、先生の話はおもしろくないということをこどもに思い知らせることになる。

私は小学校三年のときに地元選出の代議士、小笠原三九郎氏の短いスピーチを聴いた。

小笠原さんは開口一番、

「モモタロウのはなし知っていますか」

と問いかけ、

「どうして、モモタロウがエライと思いますか」

とたたみかけ、こどもたちの思考を促した。八十年たったいまも、その話のおもしろさを忘れない。

話は、脱線が必要である。筋道があまりはっきりしていないほうがおもしろい。全部わかることは退屈である。まったくわからぬのは、迷惑である。なんとなくわかったような気がするが、まだ、なにかありそうだ。そういう話を聞くと、人は笑うようである。半知半解の発見のしるしである。

放談、乱談は笑いを生む。それでおもしろくなる。発見はもうすこしよくわかったときでないとあらわれないから、滅多に起こらないと言ってよいが、中途半端の発見は笑いによってあらわされ、笑いによって忘れられる。それで、おもしろいのである。

9

呉越同舟

呉越同舟の趣

いまから思うと悪い夢のようであった。

昭和四十三年ごろから、全国の大学生が暴れ出した。ヘルメットをかぶって、マイク片手にがなるのである。自分たちが学生であるのに、〝大学粉砕！〟などと叫ぶ。まわりの学生が、妙なうなり声をあげて、それが拡大していくということが、毎日のように起こる。

もちろん、大学当局に処理能力のあるわけがない。会議をして時間をかせぐのに精いっぱい。それでも、学生の動きに対応する必要があるというので、対策委員のようなものができた。各学部、各学科の教員が学生委員の任務につくことになった。いついつ、学生が行動に出るというと、学生委員が招集される。

私のつとめていた大学は小規模で、三学部しかなく、学科も全部で十五、六だったから待機したって、何もできるわけではない。

それに、他学部の人とは、口をきいたことがないのが普通。ことに、文系の教師は、理系の教師に冷たいものを感じている。友人などない。敵とは思わなくても、仲間だとも思わない。こうして、同じ部屋に閉じこめられて、顔をつき合わせているのは、呉越同舟の趣である。ただ、目の前に暴れ学生がいるというので、ほんのすこし気心をかよわせたいという空気があった。

おしゃべりの哲学の教授が、浮世ばなれたことをしゃべり出すと、みんな助かったという顔つきになる。

それに勢いを得て、ほかのものも口をはさむ、相づちを打つ。なんとなく、たのしい。学生のことなど忘れられる。

二度目からは、まったく違った空気になり、雑談に花が咲く。あの人は、そんなことをしているのか、とおどろき、親しみを覚える。

だんだん召集がいやでなくなり、足どりも軽く集まるようになった。

旧暦文化と新暦文化

中国文学の人が、昔、中国では、朝、太陽の出るのと同時に、政務を始めた。天子の政務をとるところを朝廷というようになったわけだ、ということを教えた。

私は、長いこと、なぜ〝朝〟廷なのか。ぼんやり疑問に思っていたから、その話で目からウロコの落ちる思いをした。

ついでに、中国がそんな早くから朝の時間を大事にしたことがおもしろかった。どうも、朝と夜の関係がすっきりしない。われわれは、朝から一日が始まり夜で終わるように思っているが、太陰暦の時代の人たちにとってはそうではなかったのではないか。一日は、午後、夕方、つまり月の出る時刻にはじまり夜になり、さらに日が出る朝になり、昼ごろに一日が終わるという生活時間だったのではないか。

そう考えると、辻褄の合うことが、いろいろある。たとえば、クリスマス。

クリスマスは十二月二十五日であるが、二十四日の宵、イヴと称しておまつりをする。翌二十五日の夕方はもうクリスマスではないので、パーティなど開く人もない。つまり、クリスマスは、二十四日のイヴで始まり翌日の昼下がりには終わってしまうのである。そう考えると、クリスマスのおかしな祝い方が納得できる。

そう言えば、ゆうべ（夕）ということばがある。ゆうべには、意味がふたつある。ひとつは、夕方、夜という意味で、〝音楽の夕べ〟などという。その日の夕方、夜のことである。もうひとつは、きのうの夜である。これは過ぎた夕方、夜のこと。

その日の夜のことを夕べというのは、太陽暦で、一日が朝から始まることをあらわしている。それに対して前日の夜のことを意味するというのは、一日が夕方、夜から始まるという考えにもとづいている。

太陰暦の考えが、太陽暦へ変わって起こった混乱で、近代の人間は、その影響を強く受けて、夜型人間と朝型人間が併立するようになったのだと考えられる。

中国文学の人の朝廷の語義を聞いて、私はたいへんおもしろいと思い、旧暦が新暦に切り替わったために、近代の人間は分裂したのかもしれないことに気がついた。

昔の人は、夜、本を読んだ。昼は忙しくて本など読んでいられない、ということもあるが、そうではなくて、一日のはじめの時間に勉強したということであったかもしれない。蛍の光、窓の雪（あかり）で本を読むのが正常だったのである。旧暦文化はごく最近まで生きていた。

夜行性

戦前の日本は旧暦的であり、昼より夜をありがたがった。もの書き、小説家なども、昼の間はなにをしているかよくわからないが、夜になると目をひからせて、原稿を書き始める。夜を徹して仕事をするのがえらいように自他ともに思い込んだ。

中学生もわけもわからず夜行性を気取ったもので、昼の間、遊んでいるくせに、夜おそくなって勉強を始める。試験勉強などになると徹夜になる。それを手柄顔に吹聴したりした。そんなことをしては、頭が悪くなるということを教えるものはなかった。

文化的エリートが、夜型信仰であった中にあって、庶民、生活派の人たちは朝の時間の徳を忘れなかった。早起きは三文の徳、朝飯前の仕事などと言ったものである。朝日を拝むということもあった。

夜をありがたがるのは、情緒、感情を大切にする。日の光をむしろ怖れた。なんとなく、それに反撥していたのであろう。夜行性を疑っていた私は、あるとき、朝型に切り替わった。ごく自然に変わったから、自覚はなかった。夜より朝の方がよい。勉強や仕事も、疲れた夜になってからするのは能率がよくない。ひと晩、寝て心身ともにリフレッシュしたところで、最大の力を出すことができるにちがいない。

われわれの身長は、朝、いちばん高く、寝る前には、何センチとまではいかなくても、短くなっている、ということを知って、朝型にしようと心に決めたのである。

それまで夜になって歩いていた散歩を朝へ移した。そして、頭を使うことを朝のうちにする。朝飯前の時間が少なければ、実際、少なくなるか、朝食を遅らせる。昼の食事といっしょに、ブランチにする。

昼までの仕事や勉強はすべて〝朝飯前〟になる道理だと、ひとり悦にいった。

といって、朝のよさがはっきりわかっていたわけではない。ただ、常識に逆らってみたかっただけだったのかもしれない。

先にも書いたことだが、大学紛争の待機を命じられて、呉越同舟、時間つぶしの雑談をしていて、中国が古くから〝朝〟廷というものを考えていたという話は強い印象を与えて、積年の朝の重視に筋が通ったような気がした。

朝の思考ということを考えるようになった。ものを考えるのは朝でなくてはいけない。夜に考えごとをしては、混乱するばかりである。朝の頭がいちばんよい。そう考えた。

朝考暮思

十八世紀イギリスの小説家、ウォルター・スコットはもっとも早く朝の力に気づいたひとりであると思われる。

みんなで考えてもケリのつかないことがあると、スコットは仲間に向かって言った。

「なーに、明日の朝になれば、いい考えが生まれるさ」

実際、そういうことが何度もあって伝説のようになった。夜の頭より、朝の頭のよいのははっきりしている。

夜はだいたいものを考えるのに適していない。体も頭も心も、疲れてよく働かない。ぼんやりとものを思うことはできるが、新しいことを考え出すエネルギーがない。

〝朝考暮思〟ということを考えた。

新しいことを考えるのは朝の時間、夕方になったら、そぞろの情緒に浸るように人間はできているのではないか。

小説は夜、書くことができるが、新しい思考、アイディアは朝でないと生まれない。文学者は徹夜して作品を書くことができるが、ものの道理などを考えることは上手でない。

それに対して、科学の人は、朝考を重んじる。ドイツの大科学者ヘルムホルツは、学術論文を朝のベッドで書いたというので有名で、そういう論文には、日付のあとに、朝のベッドにて、といった文句が添えられていたという。

感動的なおもしろさ

私自身、若いときは文弱の徒であり、ひとなみに、文学作品に親しんでいたが、どういうものか、あまりおもしろくなくなった。知識や感情にはいくらか進歩がみられはするものの、思考のおもしろさとは縁遠かった。

だいいち、ものを考えるとはどういうことか、しっかりした思考には、作り話とは違った、理知的おもしろさがあるらしい。

そういうことを教えてくれたのは寺田寅彦のエッセイである。それに親しんでいるうちに文学趣味をはなれて、殺風景な人間になったようである。

ストーリーもおもしろいが、新しい思考のおもしろさは、格別である。創造的であり、なお、感動的で、〝おもしろい〟。

新しいことを考えよう。知識は人まねの一種である。創作というけれども、最初から独創的なものはないが、思考は、新しいものを生み出して個性的である。そう考えて、思考を追求するようになったが、そのはじめは、朝の発見で、その発見を自覚的にしたのは、はじめに述べた学生委員の待機であった。

あの委員会はよかった。ぼんやりそんなことを考えていると、そのときの委員会のメンバーだったひとりとバッタリ会った。あいさつ代わりに、相手が、

「あの委員会はおもしろかったね。紛争は困るが、ああいう会はまた入りたいですね」

などと言った。こちらもそう思っていたから本当にもう一度、ああいう会をしようと本気になって、旧メンバーに新しい人も加えて、研究会を立ち上げた。

やってみると、思ったほどおもしろくない。みんなそう思ったらしく、出席も悪くなる。しばらくして自然消滅。私は、なにか裏切られたような気持ちであった。

紛争中の警戒要員として刈り出されていたときの、暇つぶしの雑談が、あんなにおもしろかったのに、おもしろい雑談会をしようといって始めた会があまりおもし

ろくないのは、おかしいではないか。そう思っていろいろ考えたが、どうも暴れた学生がいないのがいけないのではないかと思うようになっている。大学をぶっつぶす、などと叫んでいる学生がいると、呉越同舟の人間に臨時の連帯を生んでいたのかもしれない。平和になって同じことを再現しようというのは間違っているのかもしれない。

10

ブレイン・ストーミング

〝頭のあらし〟

三十年ほど前、アメリカではクリエイティヴィティ、創造性が話題になっていた。その研究組織もでき、活動が注目された。流行であったと言ってもよかった。日本ではさほどのこともなかったが、教育関係が飛びついてにぎやかなことになった。

創造的国語教育といったものが、テーマとしてもてはやされはしたが、創造性ということのよくわかっている人はきわめて少なかった。

普通の学習は、どんなに工夫してみても、創造性を育てることは難しい、といった考察もないまま、創造性ということばが飛び交った。

アメリカの真似をすれば新しいという風潮も作用して、騒ぎ立てたのは、あとから見れば、おかしなことであったが、外国のものをありがたがるのは、明治以来のことである。創造的教育だけを槍玉に上げるのは当を得ないが、恥ずかしいことであるのは変わりがない。

いまどき、創造的教育ということばすら覚えている人はまれであろう。アメリカにおいてすら、クリエイティヴィティはいまは色あせた問題である。騒ぎ立てたほどの成果を挙げることができないまま、いつしか忘れられた。

それと時を同じくして、ブレイン・ストーミングということも、アメリカで話題になった。〝頭のあらし〟が独創を生むと考えられた。

もともと、第二次世界大戦中のアメリカ軍で考えられたことである。敵を攻略する奇抜な方法を考え出そうとする作戦会議、というより奇襲の名案を得るためにつくられた小さなグループの活動が、ブレイン・ストーミングの名で呼ばれた。

何名かの作戦要員が集まって、敵を攻略する妙案をひねり出すのである。

はじめのうちは、だれしも思いつくような方法が提案されるが、もちろん、使いものにはならない。だからといって、ほかの人が、それをバカにしたりしてはいけないことになっている。前に似たことが提案されたものも捨てられるが、やはり、ダメだとは言わないのである。

だんだんアイディアがなくなってくる。考えられることはみな考えてしまったように思われるのである。

しかし、そこで諦めない。なくなった知恵をふりしぼって奇襲作戦をしぼり出す。ふつうの人の考え及ばぬようなものだから、実戦においても、効果が大きくなる。

こういうブレイン・ストーミングが戦地の方々で行われたというのは、いかにもアメリカらしい。ふつうの作戦会議などでは考えられない奇想天外の策が生まれた、といわれるのである。

クリエイティヴな乱談の条件

戦後、民生においてもこの思考法を利用しようということになり、産業界がブレイン・ストーミングによって新製品を開発する例が見られるようになった。

その段階で、ブレイン・ストーミングということばが日本へ入ってきた。戦時中の軍事作戦などということを離れて、これまでなかった新しい製造を、グループで考え出すが、ブレイン・ストーミングと呼ばれて実際に実行したところもあったようであるが、詳しいことはわかっていない。

人々はブレイン・ストーミングの力を高く評価したけれども、実際に、それほど目覚ましい成果があったわけではない。

やがて、ブレイン・ストーミングということばも忘れられるようになった。どうして、方法として有力になり得なかったのか。

そんなことを考えてもしかたがないが、新しいものをこしらえる考え方はきわめて貴重であるだけに、あえて吟味したいのである。

ブレイン・ストーミングのメンバーがみな作戦のエキスパートであったらしいことがいちばんの問題である。

専門家はとかく常識的になりやすい。専門的常識の枠は小さい。似たりよったり、になりやすい。本当に奇想天外というようなことは、同類のエキスパート群の中からは生まれにくい。わからずやでは困るが、シロウトの無知をそなえている人がいないと、本当に新しい発見は難しい。

戦闘攻撃の奇手妙案を生むのに、シロウトが加わるのは非現実的であるけれども、多少シロウトめいたところのあるものが加わっていれば、おもしろい奇策を得るのに有利であるということはできるような気がする。

だいたいが同学の人たちだと、どうしても話が小さくなる。微妙なおもしろさはあるが、目を見張るような発見とは縁遠くなる。

どうしても防衛的になる。批判的になりやすい。創造のエネルギーははじめから乏しいが、話し合っているうちに、いよいよ弱くなる。

互いにシロウトである人たちの乱談がもっともクリエイティヴであるように思われる。

11

専門を超える

ハーヴァード大学躍進

アメリカのハーヴァード大学は、いま世界でもっとも有名、有力な大学と言ってもよいであろうが、昔から、そうだったのではない。かつては、アメリカにおいても、ほかの大学の後塵を拝するところがあった。二十世紀はじめのころのことである。

一九〇九年に、ハーヴァード大学の総長に就任した、ロレンス・ロウェルは、大学が充分な成果を上げていないとして深く反省し、大学の研究水準を高めることを真剣に考えた。

そして、総長みずからが参加する特別研究生の会をつくった。のちに、ハーヴァード・フェローと呼ばれる研究会である。

フェローは各専門を超えてひとりずつ選ばれる。同じ研究をしているものはいない。

毎週、水曜だかに、昼食会をして、代表が代わる代わる研究を発表。同座しているほかのメンバーは、自由に質問したり、意見を述べるというものである。ロウェル総長がポケット・マネーで最高級のワインを提供して、会を盛んにしたと言われる。

各メンバーが違った専門をもっているところが、よかったらしい。思いがけないことが飛び出したりする。

このランチョン・パーティが数年すると、国際的業績を生むようになり、ハーヴァード大学の名をとどろかせることになった。

考えてみると、このフェローの会は、先に紹介した月光会とその精神において通じるものがある。

そのイギリスでは、文豪サミュエル・ジョンソン、俗にドクター・ジョンソンとして親しまれた人が、コーヒー・ハウスに文人、芸術家を集めてクラブをこしらえて、自由な談論に花を咲かせた。イギリスの文化の源泉のひとつだといわれている。

このグループははじめただ「クラブ」と言っていたが、のち「文芸クラブ」を名乗るようになる。

常連の顔ぶれがすごい。

名演説家として歴史に名をとどめるエドマンド・バークをはじめ、作家オリヴァー・ゴールドスミス、大歴史家といわれるエドワード・ギボン、名優デイビィッド・ギャリックなどが集まって、思ったことを自由に述べ合う。それから力を得てめいめいが新しい仕事とするというわけで、イギリス文化を彩る人物が一堂に会するということは、その後、イギリスでも、見られなくなってしまったが、異種交流というものが、文化的創造にきわめて大きな力をもっていることを示している。

学問芸術が、専門細分化の傾向によって発達する半面、専門の枠を超えて交流することによって、新文化、新学説、新技術が生まれることを月光会、ハーヴァード・フェロー、ロンドンの文芸クラブなどがはっきり示している。それが不当に見落とされているのは不思議であると言ってよい（ロンドンには、ひところたくさんのクラブがあったが、ドクター・ジョンソンの〝クラブ〟はもっとも輝かしい代表であるとしてよい）。

知的爆発

同じ専門のものが議論すると、どうしても批判的になりやすい。そして破壊的である。新しいものの発見、新しいものの創造には不適であることが多い。だいいち、〝おもしろく〟ない。創造、発見、発明に近づくとき、人間は、よくわけはわからずとも、心ひかれる。それが〝おもしろさ〟になって、人間の頭に火をつける。うまくいけば、知的爆発になる。自然な生活をしていれば、異種交流は当たり前である。専門化がすすむと、各専門の壁が厚く高くなり、それを超えることが容易でなくなる。同類の切磋琢磨になるが、新しいものを生むことは、ますます困難になる。

それをうまく回避するのが、雑学的交流である。月光会も、ハーヴァード・フェローも、ロンドンの文芸クラブも、それぞれの形で、専門の垣根、壁を乗り越え、飛び越えた例である。大成功した例である。

それほどはっきりしない異種交流は、われわれのまわりでも、ときには、存在しているかもしれない。

京都学派といわれる人たちは、目覚ましい例であった。ほかにも似たことが起こっているに違いない。

そのひとつに、京城《けいじょう》帝大（日本統治下の京城、現在のソウルにあった）のクラブがある。京城帝国大学はまわりから孤立した存在であったのであろう。現地の人たちとの交流も充分ではない。どうしても、大学人たちが集まって談論を楽しむということが多くなる。

詳しいことはわからない。京城帝大の法文学部の教授たちが、クラブのようなものをつくっていた。哲学の橋本という若い学者がまとめ役であったという。専門を超えて欧米の学問を学び、自由な議論に花を咲かせたのであろう。

戦争に敗れて、京城帝大も消えるが、法文学部の人たちは、多くが、東京大学の教授になったのは目覚ましいことであった。異種交流の成果であると言ってよい。

専門を忘れる

知的異種交流などと仰々しく言うことはないかもしれない。めいめい自分を大切にする人たちが集まって閑談をすれば、おもしろい。おもしろさは知的な発見、発見の前ぶれであることは、すでに述べたが、たいていは、気にも留めないで、忘れてしまう。そのおもしろさを追っていけば、新しいものがあらわれてくる。多くのおもしろかった語らいは、そこまで行かないで消えてしまっているのである。

そう考えると、乱談のおもしろさは、学者や研究者などに限らないことがわかる。気心の知れた仲間と談論風発、時を忘れることができれば、新しい考え、新しいものの見方への接近が起こっているはずである。

それを、われわれはひととき、その場限りの座興のように思っている。その力をとらえ、その光に助けられて、未知の世界へ入っていかれることを知らない。だれにも、乱談の小セレンディピティは、起こることが可能である。

中曽根康弘元首相が、自伝的な文章の中で、昔の高等学校の寮で、夜、みんなでおしゃべりをしたことを、なつかしく回顧している。

みんな真剣に議論する。すこし興奮して、ひとりになって本を読む。それでずいぶん成長したということを読むと、若い人の知的エネルギーは、案外、そういう〝だべり〟から生まれるものであることがわかる。

ひとり読書するのが常道だとされてきたが、全寮制の旧制高等学校で学んだ人たちにある種の知性が共有されているのが偶然ではないような気がする。

〝独学〟には限界がある。過去のことを知るには、本を読むのがもっとも有効であろう。しかし読書は、後ろ向きの頭をつくりやすい。本を読めば読むほど、ひとの考えを借りてものを考えるようになる。

余計なことは考えず、ただ、浮世ばなれたことを話し合っていると、本を読んでいるときとはまったく違った知的刺激をうける。もともと人間はそうなっているのであろう。そういう〝おしゃべり〟で賢くなり、未知を拓いてきたのである。

学校教育が整備されるにつれて、生活とのつながりの強いことはすべて、通俗、下等であると誤解するようになる。孤立した頭は、理解力にはすぐれていても新しいものを生み出すエネルギーに欠けることが多い。

ことに小さな専門家になるのがよくない。セレンディピティを起こす力はきわめて乏しくなる。専門家でも、孤立していないで、ほかの専門の人と交流することで、不毛性を小さくすることができる。

近代文化が専門別に分かれたのは、必ずしも幸福なことではなかったのである。専門を忘れるには、おしゃべりがいい。

おもしろいことを考えるには、専門の違う人たちが、いっしょになって、思ったこと、考えたことを述べるのが最上らしい。

そういう考えに反省を求める事例もある。

ロゲルギストの異例

一九七〇年代、雑誌『自然』に毎号、エッセイが載った。著者に当たるところにロゲルギストとあって、外国人かと思った読者もいたらしいが、日本人である。しかも同じ物理学の研究者である。近藤正夫、近角聡信《ちかずみそうしん》、木下是雄《これお》、大川章哉、磯部孝、高橋秀俊のメンバーがロゲルギストの名でエッセイを発表、多くの読者をうならせた。

物理学者たちのグループであるにもかかわらず、ひろく文化の問題をテーマにして話し合ったのが特色で、きわめて刺激的であった。

同じ専門で、同じ大学を卒業した人たちがこういう雑学的思考を見せるのは、わが国においてはきわめてめずらしい。

ロゲルギストの座談は〝乱談〟ではないけれども、自由闊達《かったつ》である点において、決して乱談に劣らない。異種交流によって知的創造が起こるという仮説は、変更しなくてはならないかもしれない。ただ長い間、毎月、話し合っている仲間の人々にとって、互いに充分な間合をつくっていて、しかも熱してくれば、放言のようなことばが交わされるところはユニークである。専門など問題でなくなるかもしれない。

それはそうであっても、小さな専門が自由であることが、乱談の条件であるのは、変わりがないように思われる。

3

12 触発

1

東洋型とギリシャ型

ものを考える、というとき、ひとりで考えることを思い浮かべるのは東洋的であると言ってよいだろう。

仲間と語らい合って、考えを出すのは、ギリシャ型である。逍遥《しょうよう》学派は、仲間と歩きながら哲学を論じたと伝えられている。

達磨大師は面壁九年、と言われた。人と交わることなく、独坐思索を深めたのである。深遠な思考、微妙な真理に達することはできたであろうが、いわば、ひとり相撲のようなもの。まったく新しいモノ、コトが飛び出す可能性は大きくはない。深まれど広がらず、新しいものは生まれにくい。

そこへゆくと、何人かが語り合うと、話は散漫になり、表面的になりやすいが、混乱のはらむところは小さくない。

それだけではなく、ほかからやってくる話に触発されたものが、思いもかけず飛び出してくることがありうる。これは偶然の発見と言ってよいものである。いくら努力してみてもひとりでは触発による発見をすることは考えられない。

新しいことを見つけたかったら、ひとりで考えるのではなく、さまざま違ったことをする人が、存分に、思っていること、考えていることを述べるのがよい。それによって、自分の中に眠っている考えなどが、目を覚まし爆発的な力をもって飛び出してくる。一種のセレンディピティである。

「三」の象徴

先にも述べたが、『セイロンの三王子』が、三人であるのは偶然ではないように思われる。三人いてようやくセレンディピティを起こすことができるのである。

〝三人〟がよい、というのはたとえのことで、三に限ったことではない。一や二ではいけない、ということで、多数を代表する三である。したがって、三にこだわるのは、賢明ではない。四人とか五人のほうが実際的に有力である。

ひとりでは話にならない。二人なら話にはなるが、直線的である。おもしろ味がない。三人寄ってはじめて、新しいものを生む力をもつようになるのが人間であることを、言い当てたのが、三人寄れば文殊の知恵である。三人がいい、というのではない。いろいろな人が集まれば、ということを象徴的に言ったものと考えたい。

そうかと言って、他力に頼るというのではない。めいめいが、無心になって話しているということの中に、話している本人もまったく気付かない〝核〟のようなものが、ふくまれている。

それがその場の雰囲気を浮遊していると、たまたま、あるメンバーの頭の中で眠っていたものと接触、そこで〝爆発〟が起こる。当人は自覚しない触発であるが、りっぱな発見である。セレンディピティとしてよいであろうが、一般には、インスピレーションなどと言うことが多い。ひとりでは、インスピレーションを受けられない。二人で話し合っているときには、ごくまれに、インスピレーションを受けることができるが、なおエネルギー不足である。対話から生まれた発見もないとは言えないだろうが、例外的である。二人の話では、うまく乱れようがないからであろう。

知的触媒

三者が、うちとけて、遠慮することなく存分のおしゃべりをすれば、その中には強い触発力をもった多くのことが含まれている。

それが、ほかの人の頭の中、脳の中で眠っているアイディア、観念と〝化合〟するとき、思いもかけぬ、爆発になる。それが、発見となるのは幸運なケースである。多くは、深くうなずき、ほほえみを浮かべることで、この触発の発見の起ったことを示す。

触発は、いわば直接的である。それに対して、間接的化合ともいうべきものも考えられる。化学でいう触媒反応である。

AとBは、そのままでは、化合しない。そこへ、中間にCというものが介在すると、AとBが、化合して新しいものを創り出す。よく知られた化学反応であるが、思考や観念に、これを援用しようというのは普通ではない。

何人もの人が、存分に、のびのび自分の思ったことをしゃべっているとき、実にたくさんのアイディア、知識、ヒントなどが、散乱する。いちいち、それに異を立てるのは愚かである。わかりにくいところがあっても、黙って受け容れる。すると、別の人にも似たことが起こって、本来、交わることのないAとBが、このCによって融合して新しい化合物を生み出す。知的触媒である。

本とにらめっこしていては、決して起こらないことが割りにかんたんに起こる。ただ、われわれが、精神の化学に疎《うと》いせいもあって、ほとんど触媒の発見を、逃しているように思われる。

みんな、心ゆくまで、思ったことをしゃべり合ったあとの気分は格別である。人間が変わったかと思うこともある。

出かけるまえに、気分が重く、不調であるから、血圧をはかると、すこし高い。やはり体調がよくないのだろう。

そんな思いをしながら、乱談の会に出る。おしゃべりをしているうちに元気が出てくる。そのうち、われを忘れてしゃべりまくることもある。とにかく、おもしろい、たのしい、刺激的である。時のたつのを忘れて、帰ってくる。血圧をはかると、出かけるときより大きく下がっている。そういうことを何度も経験して、乱談が健康にもよいことを知った。

知らず知らずのうちに、ストレスを解消しているのであろう。それを起こすのが、精神の触媒であり、小発見である。

うまく乱談の場をつくることができれば、われわれは半分、ひとの力の触発によって、いくらでも発見に近いことを起こすことができる。創造的乱談かどうかは、その場の笑いによってはかられる。知的笑いは、小発見の前ぶれのようなもので、貴重である。専門家の研究発表は、笑いたくても笑うことができない。気のおけない小グループの談笑はときとして発見の前触れになる。笑いは知的爆発のあかしのようなもので、決して不真面目ではない。

中学、高校時代の友人

一般にセレンディピティは自然科学の分野に起こっている。心のセレンディピティの外にあるように考えられてきた人文系の仕事で、成功例が少なかったのは自然であるといってよい。

人文学の研究では実験はおこなわない。それでセレンディピティとも無縁であったが、触発、触媒が可能な乱談は、理系の実験に似たものだと考えることができる。

ただ、専門尊重の風の強い日本においては、集まるのは、同類中心となりやすく、はなれた分野の人が親しく談論をたのしむというのは例外だとしてよい。違ったことをしている人を集めて懇談会をつくるのは、たいへん難しいことである。

同じところに勤める人たちが、飲み会をするとにぎやかになるが、やはり、近すぎる。

大学のときの同窓や先輩、後輩も近すぎる。

中学・高校のときの友だちで、その後、別々のことをしている人が、何人かでときどき会っておしゃべりをするのは、たいへんおもしろい。思わぬ成果が生まれる可能性もある。そういう会合でこそ乱談が起こる。

4

13

競争

1

文系学部、学科の再編・廃止

「文系の学部、学科の再編、廃止について具体策を報告してほしい」という前代未聞の通達を文部科学省が全国の国立大学学長あてに発した（二〇一五年六月）。

その報道を見た一般人は、はじめよくわからなかった。マスコミも虚をつかれたようにおざなりの記事をのせた。

文系学部、学科を再編、場合によっては廃止するという考えの背景には、日本の大学の国際競争力が充分でない、国際比較のランキングにおいても、低下の傾向が見られる、なんとかしなくてはいけない、という産業、経済界の危機感を背にしているらしい。

日本人は、明治以来、大学の国際競争力などということを考えたことがなかった。「広く知識を世界に求め……」と外国の模倣をすればよいというので始まった近代化の一環である。どこまでも外国のマネをすればいいと思っていた。外国と競争するなど、とんでもないことであった。

それでも、日本の近代化には役に立ったから、大学の教育が不要であるというような声はほとんど聞かれることがなかった。

競争がよいことだと決めてしまうのはアメリカである。何でもランキングをこしらえて、その上位になることを喜ぶ。いくらか幼くて浅い考えである。強いものがよく、豊かなことは評価されず、調和といったことは問題にならない。

そういう目で見れば、日本の大学の文系部門の多くがムダなことをしているように考えられてもおかしくない。教養などでは食っていかれない、教養しか与えない学問は不要である、という思考が底流にある。

そんなことはニュースになりにくい。

大学の改変に社会は冷淡であって、当事者である国立大学が黙して声をあげなかったのは保身だから別としても、文系出身の多いマスコミ、言論界が知らん顔をしていたのはおかしい。

われわれの、おしゃべりくらぶでは、さっそく、文科縮小の是非をさかなに言いたい放題のことを話し合った。

やはり、文科系の人が大半だから、文科弁護になりやすい。国が問答無用で、文科を縮小することに、批判的であるが、どう反対したらよいか、それがわからない。ワイワイ、ガヤガヤやっていること自体がおもしろい。国立大学というものはなぜ存在するのか。私立大学より高いように考えられているのは、正当なのか。それとも新興国の国策であったのか、ということをエンエンとしゃべって、それなりにおもしろかった。

ウサギとカメ

そのおしゃべり会で、ひとりが、ウサギとカメの競走をトピックとしてもち出した。

みんな知っている話だから、議論は混乱しながらも活発である。

「いくらなんでも、ウサギとかけっこしようというカメがいるだろうか」

とひとりが言う。

「それはいるさ。勝てる見込みもゼロでないと思えば……」

「それは、ウサギが油断して、ひと眠りしてくれたからであって、そんな間抜けなウサギは、昔はともかく、今の世の中にはいないのではないか」

別の人が口をはさむ。

「ウサギがまっとうなら、カメなんかとたわむれているヒマがあったら、ほかのウサギと競走するだろう……」

「カメも間抜けている。ウサギに勝てると考える根拠もなしに、とにかく、競走しようなどというのは正常ではない。はじめからウサギが途中でひと休みひと眠りをしてくれるのを期待するとしたら、正気の沙汰ではないでしょう」

「このカメ、すこしどころか、たいへん抜けている。ウサギに挑戦する資格もないのに、競走した、論外！」

「このカメ、ウサギのことがわかっていない。わかっていれば、向こうの丘のふもとまで走ろうなどとは言わない。ウサギは後ろ脚の方が長い。つまり上りに強いのである。逆に言えば、下りはそれほど得意ではないのである。〝あの谷底の池〟まで競走しようとすれば、カメの勝機はわずかだが上昇する」

「昔の学生が、ヤマかけて（駈けて／賭けて）谷に落ちたるウサギかな、と冗談を言った。試験に山をかけてのぞんだのが外れてひどい目にあったことを笑ったもの。ウサギのことをすこし知っている」

「つまり、カメがウサギに勝ったというのは、努力すれば、不可能も可能になるというのが、ウサギとカメの寓話ということになる。こどもだましのようなもので、考え方が荒っぽい。あまりよい話だとは言えない。カメもうすこし頭をはたらかせないといけないでしょう……」

カメの勝機？

「頭のいいカメは勝てる方法を考える」

「そんなうまい手があるのだろうか」

「それは考えようだ。ウサギは陸地を走るのはうまい、山を駈け登るのは、もっと得意とするところ。カメでなくても、かなうものはまずない。目標を変えなくてはならない」

「そうだ。ウサギは水に弱い」

「川の中島のお社《やしろ》をゴールにすれば、ウサギは、はじめからお手あげ、ギブ・アップである」

「戦わずして勝つのは最高の勝利である。カメは不戦勝をかちとる。不戦勝は、戦って勝つ戦勝に比べて何倍もの価値があるだろう」

「しかし、川の中の島が、かんたんに見つかるだろうか」

「それが問題。ただ水の中に浮かんでいるだけのところへ競走しようなどというのはお話にならない。めったに近寄ることもできないところに宝がひそんでいる。それを発見するのである」

「いくらウサギと競走してみても、川中の宝島を見つけることはできない。ひとり泳いでたどりついたカメは、ひょっとすると、運がよければ、セレンディピティとして、宝島を見つけることも、不可能ではない」

「いったん、見つけたら、シメたもの。どんなライヴァルがあらわれても、負けないだろう」

「発見は不戦勝をもたらす点においても貴重である。とすれば大学などで、ことに文系の学部学科においても発見、発明を目指した勉強に力を入れなくてはならない」

「いくらたくさんの本を読んでも、新しいことを考え、新しい見方をして、世の中を変える力を身につけることは難しい。知識を増やすより、新しいこと、新しいもの、新しい考え方を生み出すのが、最大の学問である——そういうのが常識になるのが望ましい」

「大学の組織をすこしくらい改変してみても、そういう創造性を高めることはできない？」

攻撃的競争ではなく調和的競争

乱談も、つづけていると、みんな疲れる。言いたいことはみな言ってしまったような空気になるが、そこが大切で、やめてはいけない。新しいことが出てくる可能性がなくなったわけではないのである。そのときも、いったん静かになったところで、ひとりが、

「世にいう競争は相手、ほかのものをやっつけることを考えている。戦闘的である。攻撃しか考えない。そういう攻撃的競争から生まれるものは排他的、独占的、破壊的であることが少なくない。人間が絶えず戦争しているのはこういう競争のためであろう。そういう競争ではない、競争もありうるではないか……」

「音楽で協奏曲ということを言う。あれは親和的競争であると考えていいではないか。混成合唱は独唱とは違ったおもしろさをもっている」

「調和的競争なら戦争にはならない」

「自然界はそういう調和的競争によって維持されているのかも」

「競争も、攻撃的競争一つでは多すぎる。もうひとつほしい」

「多くのものがめいめい個性を発揮しながら、他者を攻撃、破壊しないところで、自然の調和が保たれる。人間の調和も不合理の協合であると考えることができる」

「カメはウサギの真似をしていては勝つ見込みは立たないことを悟ったら、みずからの目標を立ててそれに向かう。ウサギのことなど忘れるのである。忘れたものに負けることはない。カメは、しっかり勝つことができるのである。敵失によって勝ったとしても、本当の勝利ではない。自力で勝つ。敵を倒すことなく勝つには、別のことをしなくてはならない。そして勝ったら、ウサギと共存することができる」

「いちばんいいのは、カメも勝てる、ウサギも勝てる、ということで、弱肉強食のあさましさを避けることができれば、平和がおとずれる」

こんなことを考えられるのも乱談である。

14

乱調

新映画美学

いまからすると、信じられないような話だが、初期の映画はすこしもおもしろくなかった。

エジソンによって映画技術、機械は出来たが、何を表現するか、いま流に言えば、ソフトがなかった。

しかたがないから、舞台のドラマ、芝居を撮影して、作品にしていた。

舞台ではけっこうおもしろい芝居が、フィルムにして上映するとおもしろくない。退屈で見ている人が居眠りをはじめたりする。

世界の映画製作者が、映画をおもしろくするのに苦労したが、なかなかいい方法があらわれなかった。

当時、ソ連の映画監督エイゼンシュテインもそのひとりだったが、彼はヨーロッパの中心、英・独・仏から外れていただけに、おくれていた。

ところが、そのソ連のエイゼンシュテインが新しい映画美学の理論を開発したのである。

舞台のドラマは、ほどよく、わかりやすく、おもしろい。それをフィルムにして映写すると、よくわかりすぎる。そしておもしろくない。退屈するのは不思議だ。なんとか、もうすこしわかりにくくする必要がある、と考えたらしいのは新思考である。

ドラマの筋、プロットは、一本の筋である。これをフィルムに移すと、わかりすぎて、おもしろくなくなる。とすれば、この一本の筋のプロットを乱せばいい。全体をいくつもの部分に区切って、もとの順序を捨てて、新しい組み合わせにする。話を初めから始めない。いきなり、真ん中の話を冒頭にもってくる。そして、そのあと、また順序によらず、びっくりするような部分をもってくる。話のプロットは、支離滅裂になる。見ている人間は、わけがわからず、おどろいたり、途方にくれたりする。緊張を強いられるが、快いおもしろさもある。

カット編集である。一本の話の筋、プロットを、かりに10のカットに細分する。

それをもとの順序を乱して、たとえば、5からスタートを始める。6、7と続けたりしないで、2とか3とかへ戻る。そして、5—3—4—6—1—2—7—8—9—10、といったストーリーにする。

手腕は、こういう乱論理をつくり上げるところにある。それが、映画編集、モンタージュと言われるようになって、映画は演劇から独立、新しい様式として確立された。

いわゆるロジックをあえて破壊し、新しいロジックを生み出したのである。ギリシャ以来、人類の知らなかった新機軸であった。

日本的コンプレックス・ロジック

エイゼンシュテインが独力で考え出したことではなく、ヒントがあったと言われる。

そのころ、たまたま、モスクワに日本文学にくわしい日本人が滞在していた。直接かどうかはわからないが、その人から、日本に俳諧というものがあって、数人のものが会して句をつくる。はじめの人が句を披露すると、別の人が、それに続けて句をつくる。それにまた別の人が句をつづける。そうして、三十六句に達すると、揚げ句によって一巻が完結する（これを歌仙を巻く、という）。

これがエイゼンシュテインにセレンディピティ効果を起こしたらしい。連句のロジックはヨーロッパにないものである。日本には、連句の前に連歌の様式が確立していて、単純、単一論理ではない多元的、複雑論理（コンプレックス・ロジック）というものがあった。もちろん、世界に見られないものである。しかし、だれもそれを認めることはなかった。コンプレックス・ロジックは日本文化の中に脈々と生きつづけてきたものである。

日本人の論理はおかしい。非論理である、という声は明治以来、ずっとつきまとい、日本人を萎縮させた。日本文化には、乱調の論理がはたらいていると胸を張ることは、欧米のものを真似ることが第一と考えてきた近代日本には考えることもできない。

エイゼンシュテインが代わって、日本の乱調の論理を承認してくれたようなものだが、彼は、映画製作者であって、哲学者ではない。日本風の乱調論理について考えることはなかったであろう。

連歌、俳諧にみられる乱調論理は、いまなお、はっきりした思考になっていない。ヨーロッパ的、個人中心の論理に対して、日本には千年近く前から、集合論理、親和の論理が存在したことは、いまからでも世界に知ってもらいたいことである。

座談会をつくり出したのもこのグループ論理であったと思われる。スピーチは退屈だが、わけのわからぬことを話し合っているようなおしゃべりが、なぜ、おもしろいのか。それを見つけたのも日本人である。

正調の論理と乱調の論理は、はっきり別であるが、正調の論理はつめたく緻密でありがちなのに対して、乱調の論理は、なにより、おもしろい。そして、やさしく、あたたかい。ケンカには不向きながら、心かよわす仲間を結びつける力をもっている。

ことばの教育

ことばというものに、われわれは一生つき合っていくわけだが、ことばとは何か。ことばの意味とは何か、正しい意味はだれが決めたのか、などということを考えたりするのは正常ではない。何気なく使って、用を足している。それで問題になることは、きわめて少ない。いよいよとなると、裁判を起こして、白黒をつけるが、これも正常ではない。ことばは白でも黒でもなく、灰色である。真っ白ではないが白っぽいことばもあるが、真っ黒ではないが黒っぽいことばもある。真っ白、真っ黒のことばは例外的であるから、白っぽいことば、黒っぽいことばを、白、黒として使用する。気の小さいのが、アイマイだ、正確にせよということもあるが、これも異常のひとつである。普通の人間は、適当なアイマイなことばを使って、のんびり生きていくのである。

このごろの小学校ではどうか知らないが、かつての学校のことばの教育はなっていなかった。ことばを教えるのではない。ただ文字を声に出して読めればいいと考えていたらしく、国語科のことを〝読み方〟といった。ことばに意味があるなどということはどうでもいいこと、声のない文字を読んでやるのが読み方である。意味などという小うるさいコチタキものに用はない。

そういうことばの教育で、〝文段（段落）の意味をのべよ〟という宿題を出したりする。正気の沙汰ではないが、みんながやっているからこわいと思ったりする教師はない。だいいち、段落というものがよくわかっていないのである。ことばに意味があるらしいことは、うすうす知っているが、ことばの意味は単語の意味であると思っている。文、センテンスの意味は、単語の意味の総和なのか、それとは別に意味があるのか。そんなことを考えていては、教師はつとまらない。

ことに、段落、文段、パラグラフがいけない。印刷されたものでは、行頭、一字下げて始め、終わりは余白にする。長さは不定。そのパラグラフがことばの単位であるということは、千年来、日本人は知らなかったのである。日本文は、切れ目なく、えんえんと続いて終わる。途中で区切ったりしない。

外国語には、パラグラフがある。しっかりした単位で、パラグラフのない散文は認められない。当然、パラグラフの意味がある。それを見せつけられて、日本人はすこしばかりあわてたに違いない。

明治も二十年代に入って、国語、読み方の教科書に、句読点を採用し、ついでにパラグラフを認めた。革新的であったが、そう考えるものもなく、泰平であった。社会の木鐸（ぼくたく）をもって任じたものも、句読点、段落というものを認めなかった。しばらくの間のことではなく、五十年も、句読法を無視しつづけ、戦争に負けてアメリカ風が入ってきて、ようやく常識的な句読法が採用された。

そういう日本語である。小学生に段落の意味を答えさせるのはたいへんな暴挙であると言ってよいが、ことばの意味は、字引きの中にあると思っている人間には、もちろん、問題にならない。

そういうことばがおもしろくあることは難しい。正しい意味は辞書の中にある、などと考えていて、ことばがおもしろくなるわけがない。作り話、うたなど、生活と縁のうすいことばをこしらえて喜んだ。ふつうのことばはおもしろくないものと決めてしまって、怪しむものもなかった。

誤解すれすれの正解

外国語を学ぶというのは、ふつうの人間にとって、それほど必要なことではない。外国語なんか知らなくてもりっぱな人間になることはできる。外国模倣を国是とした近代日本は、そうは考えなかった。国語以上に外国語をありがたがった。そのころ、つまり明治時代、帝国大学の文科大学で、国文学専攻は一講座であるのに、英米文学科は一講座、別に、独乙《ドイツ》文学科、仏蘭西《フランス》文学科が一講座ずつ、しめて三講座、そのほか中国語の漢文学科もあった。

旧制の高等学校は、外国語学校と言ってよかった。第一外国語に週十時間以上をついやし、第二外国語にも、それに近い時間をあてた。国文学の授業もあったが、おしるし程度、日本語の授業をしたところはなかったはずである。

学生はそれをおかしいとは思わなかった。そして、外国語の学習によって、近代的知性を高めたと満足していたらしい。

だいいち、外国語がおもしろいのである。よくはわからないが、それがおもしろい。日本の古典だってよくわからないところは同じようなものだが、なにか、退屈である。

なぜか。

国語の意味はしっかり固まっているように感じられる。間違ってはいけない。解釈の余地も小さくて窮屈である。

そこへ行くと、外国語はもともとチンプンカンプンの世界である。辞書があって、ことばの意味を教えるが、国語辞書にない自由さがある。定義というより慣用を中心にことばの意味を与える。慣用は不正確である。理解しにくく、誤解、誤用のリスクは、当然大きい。

ことばは、さまざまに用いられるから、辞書的意味で縛ることはできにくいのであるが、国語を使っているときは、規範性が先に立ち、誤用は軽んじられる。

それに対して外国語では、各人各様の意味をとりやすい。その中には誤用も多いが、そこがよいのである。外国語には、国語にないものがある。国語を読んでいても、ことばのおもしろさということは少ない。外国語は、わかりにくいから、各人各様の解釈をしなくてはならない。誤解を避けることができないが、そこがおもしろいのである。

正解は退屈だが、誤解すれすれの正解は、乱調の美学、〝おもしろさ〟をもっている。

6

15

自家争鳴

1

自分なりのドグマの探求

先に触れたが、私は戦争中に英文学の勉強をした。読みたくても英語の本はない。古本屋で手に入れた洋書をむさぼるように読んだが、その古本もロクに手に入らない。

意地になって、本をさがし、それをナメるように読んだ。

戦争がすんでも数年のうちは、本のない状態がつづいたから、図書館や研究室の本を読む。

朝、八時すぎから昼食をはさんで夕方まで、七時間から八時間。夕食をたべてから寝るまでの三、四時間、英語の本と格闘し、あやうく、日本語がおかしくなりそうであった。読書の量では、だれにも負けないとひそかに、得意になっていた。

そういう生活を七、八年つづけて、自分なりの仕事をしようと思って、おどろいた。何も書くことがない。もちろんテーマなどあるわけがない。無理に書くと、読んだ本にあったことだったりする。剽窃《ひょうせつ》である。

なんとかオリジナルな考えで、ひとの言わなかったこと、本に書いてないことを書きたいと思うのだが、出てくるものは、本で読んだことばかり。

これはいけない。深刻な気持ちになって、さらに読書をつづけた。しかし、まるで論文ができない。まわりから、なぜ書かないのかと好意あるはげましも受けたが、そう言われるとかえって書きにくくなる。だんだん水底へ落ちて行くようないやな気持ちであった。

そして、読書をうんと減らした。心に留めていたイギリスのケンブリッジ学派の、中でも、I・A・リチャーズの本を味読、その思考法を学ぼうと思った。

本ばかり読んでいると、自分の頭で考えることはできなくなってしまう。借用、模倣しかできない。外国のことを勉強していれば、だれしも、その袋小路に紛れ込むだろう。私も紛れ込んだ行き止まりで、苦しい思いをした。

外国のすぐれた本を読んでいれば、自分も同じような仕事ができるように考えるのは、つまり、もののわからないからである。

むやみに新しい本を読んではいけない。ひそかに、みずから心に決めた。自分の頭で考えたことで勝負しよう。外国文学の勉強で、これがどんなに、難しい、危険なことであるか、うすうすわかっていたが、みんなといっしょに袋小路へ入るのは避けたい。

それには、自分なりのドグマが必要だ。ドグマを教えてくれる本はない。

自分の頭でつくり出したドグマ、仮説によって、われわれは知的に独立することができる。そう思った。

人の本を読んで威張っているのはモノまねザルである。どんなまずいことでも自力ですることに価値がある。

それにつけても、どうして外国文学の勉強というつまらぬことに飛び込んだのか。大いに悔やまれるが、いまさら引き返すわけにはいかない。サル真似はごめんこうむる。ひとのものを借りるのは、なんとしても、避けたい。そして、外国の学者、研究者の考えないことを見つけたいと心に念じた。

沈黙からの発想

あえて読書を捨てる。必要最小限以外は、本は見ない。

それで、自分の頭から出てくるものを伸ばして新しいことを明らかにしたい。

机に向かっていると、つい本に手が出る。おもしろい本だったりすると、我を忘れる。それがいけない。

朝起きたら、まず、外へ出て、歩く。近くはごみごみしていて清考をさまたげるから、浮世ばなれたことを考えるのに適したところを歩きたい。

皇居の外周をひとまわりするのが、東京では最高の散歩道であると考えた。うちからすこし遠い。地下鉄の定期券を買って、近くまで行き、周回道路を歩く。たいてい朝、五時四十七分の地下鉄で大手町まで行くのである。六時ごろから散歩を始める。人通りも少なく、空気は澄んでいて、はなはだ快適。

半蔵門から、国立劇場、最高裁判所の前のゆるやかな坂を下りていくと、左手、お濠を隔てて千代田の森がつづく。季節によってはその森の上へ朝日がのぼる。天地正大の気に打たれる。浩然の気というのは、こんなものであろうかと思ったりする。

遠くに丸の内のビル街が目に入る。

近くで見ると、どれもみな同じように高くそびえているが、離れてこの三宅坂から臨むと一、二のビルが抜群の高さで他を圧している。近くにいてははっきりしない高低さが、離れて見るとひどく強調されるのがおもしろい。

そういえば、在世中はドングリの背くらべであった人たちが、時代がたって歴史上の人物になると、英雄とただの人のようになるのもこれに似ていると考える。時間、空間、距離は、対象を変質させる力をもっているのかもしれないというアイディアを得たりする。

こういう思いつきは、本には書いてない。小なりと言えども発見である。

放っておけば、忘れてしまうに決まっている。手帖にメモしておく。めったに見返したりしないが、同じようなことを何度もメモすれば、忘れなくなるのである。

年に五冊も七冊も手帖を書きつぶした。大したことはないが、自分の仕事の中核みたいなものは、この手帖から生まれたとしてよい。借りものではない。自前の考えであることだけはたしかである。

数十冊の散歩手帖をもとに、『知的創造のヒント』を書いた。自分の頭で考えたことを書いた。それから十年足らずして、それをいくらかふくらませて『思考の整理学』を出した。

多様な知的集団を求めて

散歩はひとりでする。孤独である。ひとりで考えることは小さい。グループ、仲間と共に考えたことのほうが大きいということを、知るようになった。ルーナー・ソサエティ（月光会）の故事がきっかけであった。

それに倣《なら》って、クラブをつくり、みんなで話し合っているうちに、新しいことが生まれてくればいい、と考えた。

同じ外国文学の研究をしている人たちを誘って談話会をこしらえた。それによって生まれたものも、いくらかはあったが、同学のものが集まってもあまり良い結果は得られない。それどころか、だんだん考えることが小さく狭くなっていけない、ということに気がついた。

同じようなことをしている人が集まると、そのつもりはなくても、競争的になり、防御的になる。新しいものを目指して飛びまわる、というようなことができない。書いたものを発表する同人雑誌を出したこともあるが、めぼしい収穫はなかった。みんなよく勉強し、いろいろな先行研究を調べて、その上で自説を述べようとするのだが、話がこまかくなって、つまらなくなりやすい。

それに、同じようなことをしていると、どうしても批判的になりやすい。攻撃的であるのを手柄のように考える錯覚に陥りやすいようである。そういうところから、新しい、おもしろいものは生まれにくい。

ルーナー・ソサエティやハーヴァード・フェローがそうであったように、めいめいの専門、専攻が違っていると、談合の雰囲気はまるで変わってくる。ライヴァルを意識しなくてよい。のびのび、考えていることをしゃべることができる。ときには、それまで考えたこともないようなことが、アドリブのように飛び出して、本人をおどろかすこともある。

ただし、違ったことをしていて、考えることのできる人を数人、集めるのは至難のわざである。一般企業などではまず不可能。大学や研究所なら多くの専門家がいるが、専門ごとに分かれていて、交流がない。

それはいけない。というので、アメリカで専門の壁を取り払って学際研究（インターディスプリナリ）を始めたが、ふたつの専門の繋《つな》がるだけの学際研究が、たいへん難しく、思うような効果が上がらないのが実情であるらしい。

たくさんの専門を超えて自由に新しいことを考える組織は、現在において、ほとんど存在しないのかもしれない。

それでは仕方がないと、あきらめるのではなく、なんとかして、多様な知的交流の小集団をこしらえ、そこで定期的に意見交換をすれば、目覚ましく新しい、おもしろいことが生まれるに違いない（私の試みは、残念ながら、充分な成果を生み出すに至っていない。若い世代の意欲的な試行に期待する)。ひところ、哲学カフェが話題になったことがある。うまくいけば、そういうところから新しい知的なクラブが生まれるであろう。その後、哲学カフェのことをあまり聞かなくなったのは残念である。

語る文化

読む文化も貴重であるが、語る文化は、それに劣らず重要である。人工知能の脅威がささやかれる現代、おしゃべりの中から生まれる、おもしろい、あたたか味のある文化は、きわめて大きな価値をもっているように思われる。

問題は、知的会話のできるグループをどのようにして作るかである。自然にできるなどということはまずない。人集めをする人がいるが、わけもわからず、互いによくも知らない人を集めるというのは普通ではない。いいグループが生まれるには、よきオルガナイザーが必要になる。

私自身、頼まれもしないのに、そういう人集めをしたことが何度もある。集まった人たちはそれぞれすぐれた才能をもっているのだが、グループとして話し合っているうちにおもしろいことが飛び出す、という好運には恵まれることは少なかった。われわれ日本人には、集まりをつくる能力に欠けているかもしれない、と考えたこともあった。利害関係ではなく何人かの人が結びついたのをクラブ、と言うならば、クラブ性というものがある。そのクラブ性は、たとえばイギリス人にはすぐれた人が多く、ドイツ人ではそれほどでなく、日本人は、スポーツなどで形式的にクラブを作ることがあっても、交流性、親和性に欠けるように考えられる。偏見かもしれないが、めいめいが個性的でありすぎるのかもしれない。

枕上の思考

あるとき、自分ひとりで、クラブをこしらえることはできないか、ということを考えた。

無理は承知で、自分だけのクラブはできないかと模索した。

そして、ひとつの空想を得た。

自分の頭の中に、クラブをこしらえる。そのメンバーが、勝手なことをしゃべる。するど、ときにおもしろいことが出てくることがありうるのではないか。

ひとりですることだから、いつどこでもできそうだが、ほかにすることがあっては困る。なにも差し障りのない時間は、朝の目覚めの直後である。

頭はまだいくらかぼんやりしているかもしれないが、そういうときの考えは、それなりにおもしろい。

十分もすれば、頭の中のクラブのメンバーははっきり目を覚まして、めいめい動き出す。

はっきりしなくても、五つか六つくらいの違ったメンバーがいる。Aは、ことばの問題、Bは読書の知識、Cは生活と観念、Dは経済的関心、Eは時事、社会的興味、といったものがあるとする。

頭がはっきりするころになると、これらがそれぞれ、動き出す。中には、その日は眠ったままということもある。

三つも四つもの関心が、それぞれ主張をすると混乱する。本書で述べてきた乱談に近いものになる。その混乱がおもしろい、と思うのである。

百家争鳴ということばがある。めいめいがそれぞれの主義、主張を自由に主張、表明することである。

朝、頭の中のクラブ的混乱は、ひとりで乱談するのだが、それを自家争鳴であるとすることは可能である。

頭のはたらきはスピードがある。英語にも「思考のごとく素早く」(as swift as thought) という言い方もあるくらいである。十分もあれば、文字にすれば、何ページにもなることを考えることができる。

二、三十分もあれば、朝の枕上《ちんじょう》のクラブは充分である。そして、うまくすれば、何日も忘れていたことが、ひょっこりあらわれて、知的火花を散らすこともある。

具体的クラブをするとなれば会場がいる。ちょっとしたところだと、お茶だけですますことは難しい。食事をすると、費用もばかにならない。頻繁《ひんぱん》に集まりたくても、月一回くらいになる。

朝の枕上のクラブは、金はもちろんいらない。都合も気にしなくていい。いちばんいいのは毎日、ひらくことができること。

運がいいと、われながら、おもしろいことが、浮かんでくることもないではない。千載一遇の名案かもしれない。よく覚えておこう、などと思ってはいけない。五分もすれば跡かたもなく消えてしまっているかもしれない。

枕もと、手の届くところに、紙と鉛筆を置いておく。とりあえず、短くメモできるようにする。

この自家争鳴のアイディアはよほど、変わった、珍しいものなのであろう。メモしたものを夕方になって見ても、自分の書いた字が読めない。字が乱れていることもあるが、考えそのものが、ふだんとは大きくかけはなれているからであろう。時をおいて、何度もニランで、やっとわかることもある。それが新しい思考の糸口だったりすると、たいへんうれしい。

枕上の空想思考は、いわば、乱考である。そこから、ひょっとして、セレンディピティが起こるかもしれない。
そんな風に考えるのが自家争鳴である。

7

16

日本語・立つか寝るか

1

日本語の横書き

ちょっとした会の流れで数人のものでビールをのんだ。すでにすこし調子の上がっているものもいたから、はじめから乱談であったが、日本語の横書き、横読みについてが中心のおしゃべりであった。

ひとりが、「人間の目はヨコに並んでついているから、横読みが理にかなっている。ヨーロッパ語は合理的で、日本語はムリをしている」などというからみんなが勢いづいた。

目が横に並んでついているのは、横読みのためではなく、むしろ、タテ読みのためではないかという説を出すのがいて、話に熱がこもった。

それより前に、これからは、公式の文書は横書き、横読み、とすること、という訓令のようなものが出て、お役所の文書は横書き横読みになったが、一般でそんなことに思いを寄せるものは少なく、どうでもよいではないかと見られていたようだ。

この乱談に、語学の教師が多かったから、ことばの問題に敏感で、国語が外国語なみになるのはよいことだという先入観をもっていたのも特色である。と同時に外国語を読んでいる人たちが、ことばに関して愛国的であるということもあって、外国の模倣をするのはおもしろくないという考えの人もいて、にぎやかになる。

国が公文書を横書きにする理由が、事務の合理化であったのがはなはだおもしろくなかった。そのころ官庁で用いられたタイプライターは幼稚で、欧文と同じように横に打ち出すことは容易だが、タテに打ち出すのに苦労だった。横書きすれば事務能率があがり、合理化になるというわけである。いかにもご都合主義である。ことばの基本的問題が、タイプライターの都合によって変更されるのは、いかにもおかしい。

私はいろいろなおしゃべり会、乱談で、日本語の横書きを取り上げて話題にしたことがある。しかし、なかなか、思わしい手ごたえが得られない。

文字識別の原理

そのころ、私は、月刊誌の編集をしていて毎月、四百字原稿用紙で三百枚以上の校正を二回しなければならなかった。それまですでに悪かった視力はどんどん落ちていったが、そんなことに構っていられない。時間との競争だから校正と格闘していると言ってよかった。

その雑誌は、英語まじりの和文で、横組みである。

おもしろいことに気づいた。校正をしていると、つい下の行へ視線が落ちてしまうのであわてて、もとへ戻るが、しばらくすると、またズリ落ちる。

目が包丁でものを切るときのように、進んでいるのである。どうしてそんな風に動かすのか。

横から読むのではなく一字一字、上から下へ目を走らせるから、下の行へ視線が落ちるのである。目は意識しないで漢字を上から見ようとしているのである。

横から見るよりタテに見たほうが見やすいからである。

そこで、ひとつの原理を見つけた。

文字は、視線の走る方向と直角に交わる線によって、認識される。タテ書きタテ読みのことばでは、

一　二　三

というようになっているのに、ヨコ読みのことばでは、

1　2　3

と横ならびになっている。どちらも、視線と文字の線が直角に交わっている。鳥と烏《からす》は、ヨコ線一本で区別され、アルファベットのmとnはタテの線一本によって区別されていて、はなはだ合理的である。

アルファベットの文字をタテに組むと（そんなことをする人はないけれども）いちじるしく見にくくなるはずである。ヨコ線が大切なはたらきをしている漢字をヨコ組みにして読むのは、アルファベット語をタテに組んだのと同じような不都合になる。それを実施せよと命じているのは文化的ではない。

実際の校正に当たっては、そんな理屈をこねているヒマはない。さし当たって、下の行へ落ちこぼれていく視線を受け止めなくてはならない。三〇センチの竹のモノサシを行の下に添えることを考え出した。

こうすれば、視線が下の行へ転落しないのである。漢字を識別するには上から下への視線によるのだ、ということを、たしかめたように思って、日本語はタテ書きタテ読みにすべし、と論じた。

得意になってエッセイを書いたが、だれも見てくれない。外国でそんなことを言っている人がないからである。外国人の言うことはなんでもありがたがるくせに、日本人の言うことはすべてつまらぬこととして斥《しりぞ》けるのが、日本流である。

小型英和辞書とペン

大正から昭和にかけてのころ、欧米で日本人についてのジョークが生まれ、日本にも伝わってきた。

〝カメラをもってメガネをかけていたら日本人だと思え〟というのである。そのころドイツのカメラが大人気で、分不相応な高級カメラを求める人がいた。海外へ行くには当然、カメラ持参である。おもしろいのはメガネである。そのころ外国でも近視が増えメガネをかける人が増えていたらしいが、日本人は極端で、教育を受けた多くのものはほとんどメガネをかけた。それがからかわれたのである。メガネはダテや酔興でかけていたのではなく、近視だったのである。

そんなことを言われても、気にする人はなかったらしい。近視にならないようにということを言う人はなかった。

日本人が近視になったのにはワケがある。大正の終わりに生まれた小型英和辞典のせいである。ポケットサイズで多くの語彙を入れていて、たいへん便利であった。またたくまに全国に普及、中学生でも持っていないのが少ないくらいだったらしい。

小型の辞書に多くの語を入れようとすれば当然活字は小さくなる。版元はその辞書専用の活字をつくった。活字の線が細い。それを横組にしたから見にくいことこの上なし、であったが、ベストセラー辞書に不平を言うものはなかったらしい。おかげで、おびただしい近視者があらわれるようになったのである。

細い日本字をぎっしり詰めて、横から読むのはもっとも悪いことであったであろう。それに手をこまねいていた医学はなにをしていたのかと言いたい。外国のことは、おかしなことでも、まかり通る、というのは明治以後、日本の弊風のひとつである。

小型英和辞書のほかにもおかしなことはある。文字を書くペンがそのひとつ。

日本古来の筆記具は筆が中心である。たいした筆圧を要せず、軽やかに文字を書くことができるのである。ただし、細字に弱い。洋式のペンは小さな文字に適している。

しかし、ペンはタテの線を引くのに都合のよいように真ん中で割れている。線を引くと、左右にすこし開く。

もともとタテ線中心のアルファベット文字を書くためのペンである。ヨコ線の多い漢字を書くには不都合なはず。そのまま使用してはいけないものだった。

それを、外国で使われているから、というので、日本で日本語を書くのに使用されるようになった。万年筆は、近代日本のあこがれの文具だった。本当は日本語には適していない、などということを言うひとはなかった。

やかましいことを言った夏目漱石も、万年筆はイギリスのオノトを愛用したという。そのオノトの遺品を見ると、ペンの右半分が、左半分より擦り減っているのである。洋字を書いていれば、そんなことにならないが、ヨコ線の多い日本語を書いていると、右半片がチビて悲鳴をあげる。漱石ほどの人でも、ペンを使って日本語を書くのはよくないことに気づかなかったのであろう。

乱談の新視点

外国模倣ということが、こうした不都合を見えなくしてしまっていたのである。それに気づくのは発見であるけれども、なかなか見つからない。それどころか、百年近くたってから、こと新しく外国のマネをして、タテ書きをヨコ書きにしようなどと言い出したのは、はなはだおかしい。

それをおかしいとも思わないのは、いっそうおかしい。有力大学のひとつ、もう五十年も前のことになるが、W大学が、入学試験の国語の問題を横組みで出したのである。日ごろ新しがりやの新聞がいっせいに、非をとなえたため、大学側は翌年から、もとへ戻した。

日本語の横書きは公文書に限られていて一般は拘束しなかったが、こういう大学があらわれるくらいだから、すこしずつ、広まっているようであるが、いまのところ、新聞雑誌のほとんどすべてがタテ書きを崩していない。庶民の感覚はしっかりしているのだろう。

〝浜までは海女《あま》も蓑《みの》着る時雨《しぐれ》かな　瓢水《ひょうすい》〟

という名句がある。これを横書きにしても意味は変わらない、というのは、小学生の感覚である。

私が、文字の識別は、視線と直角に交わる線によるという原理を気づかせてくれたのは、乱談のおかげである。乱談の機会の少ない専門家には、いつまでたっても、見えてこないのであろう。

ひとりひとりで考えていることは、知れている。何人もの人が話し合う雑談では、その何倍もの確率で新しいことにぶつかることができる。

17

不乱

専門バカの錯覚

戦後ひところ、あれほど人気のあった英文科が、六十年たって転落し出したのはなぜだろう。そんなことを考えるヒマ人もいないが文化というものを考えるきっかけになる。

英文科が人気を失ったのは、英文科がおもしろくないからである。もともと、外国文学である。よくわかったりするわけがないが、戦後の英語ブームで英文科を志望した人たちは文学、語学の勉強がもともと、そんなにおもしろいものではない、ということを知らなかった。

日本人である。英米の文学より日本文学、国文学の方がよくわかる道理である。わかればおもしろいだろうとならないところが、おもしろいところである。わからないことずくめの外国文学ほどにおもしろくない。日本文学より英文学のほうがなんとなく高級であるような錯覚をもったのである。

もっとも、都会の若者は地方のものほどに外国文学に魅力を感じなかったらしい。都会の若い人は、むしろ生物学や天文学に心ひかれるらしい。つまり、遠いものに心ひかれるのである。

戦後の英語ブームで、実は英語、英米文学のおもしろさは大きく失われていたのであるが、流行に弱いものには、それが見えない。午前十時ころの太陽は輝いているけれども、午後三時ころには、西へ傾き、光も薄れる。十時の太陽に魅せられた目には、斜陽がよくわからない。これからまた日は昇るように考えるかもしれない。真昼の太陽に生きている人は、太陽の曇る日、雨の日のあることを忘れて、好きなことを追い求める。おもしろいのかもしれないが、それより社会に先駆けているという自負が、快感を与える。

小さな専門をこしらえて、チョボチョボ知識を増やす。それを勉強であるように錯覚する。みんながそうだから、錯覚であることに気づくことは、まず、不可能である。

言い方は乱暴だが、専門バカが増える。それを才能であるように勘違いして得意になる。

そういう人間が増えて、外国文学は退屈なものになった。大学で教えることはできるが、何を教えるのかはっきりしない。外国の本を読んで新知識を仕込んで、それを適当に振りまわすと、気鋭の研究者のように見てくれる人がいるから、ありがたい。知識の受け売りも長くつづけていると疲れる。もちろんおもしろくない。そうすると、威張りたくなる袋小路に迷い込んでいい気になる。やがて、定年になる、という例が続出するようになると、いくら地方の人でも愛想づかしをするようになる、というわけである。

みんながみんなそうだったわけではない。

はっきりモノが見えていた人もいた。

思考の詩人の嘆き

京都大学の深瀬基寛《もとひろ》氏は、すぐれた英文学者であるというより、思考の詩人とい

う趣きをもった文人である。その深瀬さんが、訪れた私に向かって、

「研究室ができて、みんな、そこへ籠もるようになって、大学はおもしろくなくなりました」

と言った。

深瀬さんは、もと三高（旧制第三高等学校）教授である。英文学教授ではなく、英語の先生であった。もちろん独立の研究室などあるわけがない。

大部屋に、各学科の教師が集まって休みの時間を過ごす。専門もバラバラ、哲学、文学、歴史、社会学など。

休み時間には空茶《から》をすすって四方山の話をする。それがたまらなくおもしろかったと深瀬さんは振り返る。

知的交流ということからすれば、まさに理想的である。雑談の花は専門知識などと比べものにならないくらい、おもしろく、刺激的である。新しい発見、発見の夕ネを見つけることができる。帰って、よし、と勉強する——それが愉快であった、と深瀬さんは、教員のたまり場の大部屋をなつかしんだ。

新制の大学になって、三高は京都大学に編された。大学は各教員に個別の研究室をつくって与えた。多くの教師はそれを歓迎したけれども、文科がおもしろくなくなったのは、教師がタコツボのような研究室にこもって出てこなくなったからである。深瀬さんはそう考えた。

タコツボから出てこなくてはいけないから、お茶のみのコモン・ルームができる。ここで、雑談ができるわけだが、タコツボ人間は、いくらコモン・ルームといわれる部屋をこしらえてみても、すこしも交流しない。共通のトピックもないから、

「このごろのガソリンの値上がりはどうです。だいたいに物価が上がりすぎですよ」

などと、井戸端会議にも及ばぬ低次元のおしゃべりをする。

専門化、個性的、特殊性が正しいと考えるところに、進歩はない。発展も難しい。すくなくとも、発明、発見などということが起こる余地はなくなる。

知識を深める、ということからすれば、分野を限定しなくてはならない。百科事典的知識は個人の能力を超える。なるべく小さい分野に限って知識を集め、深める

のが現実的ということになる。

同じ分野をさらに分化して特殊研究をするのを専門家であるように考えるのは、十九世紀的であるが、それを最高の学術であるように教えこまれ、従順にそれにしたがうのが良心的であると考えたのは、後発国のあわれなところである。

専門主義のいけないところは、すぐ行き詰まること。さらにいけないのは、新しいところへ踏み出す力に欠けること。ひと口で言えばおもしろくないことである。三十年も小さな問題を専門にしていれば、人間がおかしくなる。生き生きした知的活動など望むべくもない。

清水に魚すまず

おもしろい雑談会にするには、出席者がそのための勉強などはしないことである。何も準備しないで会に臨み、ほかの人の発言に触発されて、いわば思いつきを述べる。それを聴いた別の人が、また、別の思いつきを述べる。話は混乱するが、それがおもしろい。

日ごろ考えたこともないようなことが、飛び出して、本人がびっくりする、などというのは、雑談、座談の妙である。多くの勉強会は、真面目すぎた。勉強が過ぎる。第三者にはとりつくこともできないほどに整然としている。

間違ったことを言ってはいけないという気持ちもよくない。危ないことは避け、安全なことばかりしゃべっていて、おもしろくなるわけがない。無責任に思ったことをしゃべる。間違っていれば撤回すればいい。危ない話は、だいたいにおいて、おもしろい。

会は乱れた話にならないといけないが、一般に行儀がよすぎたのである。乱れてはいけない、と思いこんでいるから、一心不乱の考えしか生まれないのである。

一心不乱は論理的ではありうるが、新しいものを生み出すことができない。複雑と混乱の中から、新しいものは生まれる。発見とまではいかなくとも、おもしろい。脱線を慎むのが美風とされているところでは、創造や発見はない、ということを、真面目なわれわれは考え及ばないようである。

不乱は貧しい。混沌、雑然、失敗のなかに新しいもの、おもしろいことが潜んでいるようである。正直で生真面目な人たちが不毛におちいりやすいのは、正しすぎるからである。

〝清水《せいすい》に魚すまず〟

18

談吟行

吟行の魅力

ある日、同僚のところを訪れた。本人が出てきて、

「家内がギンコウへ行ってしまって、お茶も差し上げられませんが、とにかくお上がりください」

という。ハテナ、今日は日曜日。日曜でもやっている銀行があるのだろうか。そこで、ピンとくる。ギンコウは、銀行ではなく、吟行である。

奥さんが、娘の通う高校の先生について俳句をやっている、というのを思い出したのである。今日は上天気、吟行にはもってこいである。

そのころ、女性が俳句をつくるのが流行していた。新しく俳句を始める人が多く、男性を圧倒しているということは聞いていたが、ここの奥さんも、日曜の朝から、家族を放っぽり出して、出掛けていると聞くと、すこし妙な気がした。

というのも、かねて、吟行について、私はいくらかどころか、はっきり否定的だ

った。

仲間と名所のようなところを訪れる。句もつくらなくてはならないが、仲間とするおしゃべりがたのしい。夢中でしゃべっていれば目に触れたものを詠む嘱目《しょくもく》など上の空になる。

そのあと、席について、句をひねり出すというわけだが、みんなと遊山《ゆさん》気分でながめたものが、まとまってくれるわけがない。いい加減なものでお茶をにごす。そんな人ばかりではもちろんないだろうが、見てきたばかりのことを句にするには、熟練の技が必要である。始めたばかりの人にできることではない。それで吟行はむしろ有害であるという考えをもっていたのである。

嘱目が詩になるには、時間がかかる。寝かせる必要がある。二日や三日では話にならない。いったん忘れるくらい放っておく。

それが、あるとき、思い出されて、あるいは、心に浮かび、おどり出す。それをとらえれば、詩である。イギリスの詩人、S・T・コールリッジは、「詩は静謐《せいひつ》の中において回想された情緒である」という名言をのこしている。俳句も詩であるためには、時間がかかる。生々しいものでは作ったものが、やがて、歪んで変化する。そんな風に考えて吟行をよくないことと決めつけていたのである。短慮であったと反省するようになって、吟行のよさがすこしわかってきた。

ひとり机に向かって苦吟するのも悪くないが、親しいものが集まって、すぐれた景物に触れる。すこし興奮の気持ちである。親しい仲間とことばを交わしていると、われを忘れて風雅の人になることもないわけではない。

おしゃべりで心がはずむ。

二人だけより、数人でわいわい、がやがややった方がおもしろい。日常の生活では、そういう語らいの場は滅多にあるものではないが、吟行なら、かなりしばしば、そういう夢のようなことが起こる。

自由な心

お互いに、日ごろは多少とも退屈をしている。おもしろくない日々を過ごすことに馴れて、心の自由ということを忘れる。生活にとらわれ、常識にしばられ、利害にまどわされて、自由ということを知らぬかのようになる。

それに気づくのはなかなか難しいが、もろもろの束縛を脱却したところに、風流の世界があることを見つけた人によって詩が生まれたのであろう。

吟行がおもしろいのは、いい句が得られるからなどではない。仲間とともに、日ごろの大小のしばりをひととき忘れて、自由な心になるのである。

吟行は作句のための遊行《ゆぎょう》としてのみ考えるのではなく、日常、とりまいている俗事をしばし離れて自由な思考のできる空間と見るならば、吟行は新しい力をもつことができる。

自分を解放、なににもわずらわされることなく、思い感じることで自分を新たにすることができる。

ルーナー・ソサエティのメンバーが、毎月集まって、清談に時の移るのを忘れたというのも、どこか、吟行に通じるところがあるようにも思われる。吟行でも、セレンディピティを起こすことができる。

セレンディピティ、発見、とまではいかなくても、俗事を忘れて自由な発想に近づくことは、充分に可能である。その前段階のセレンディピティが、おもしろさとして感じられる。すべてのおもしろさが、発見になるわけではないが、おもしろくない発見はないと言ってよい。高度の知的興奮を含んで、おもしろいのである。それをうすうすでも感じることのできる人は、吟行から離れられなくなるだろう。

吟行は知的クラブのようなもので、それに加わる人たちの精神に深く作用する。まとまった話でないのがいい。思ったことを遠慮なく披露する、などということは、日常生活では、まず、起こらない。われわれの心はいつも遠慮と思惑にとらわれて、身動きできなくなっている。クラブ的乱談は、それから抜け出すチャンスである。

雑然から生まれる美

俳句をひとりの作者のつくるものとしたのは、明治になって、外国の詩歌に合わせたのである。もともと、俳諧は、数人の作者が順次句を出していく合作である。

世界に類を見ない詩である。

句による座談ということもできるし、乱談であると見ることもできる。その協奏は、オーケストラ的な深みがある。小さな論理を超えてユニークである。しかし、それをはっきり意識することはなかったが、連句三十六句の一巻は、複雑な多様性をおびた世界である。

二十世紀になって、映画があらわれたが、その、おもしろさを支える理念は不明なまま、演劇を模倣し、うまくいかないで苦しんでいた。

先にも述べたが、連句、俳諧の中に流れる非連続の連続の論理をとらえたのが、ロシアのエイゼンシュテインであった。

連句という、いわば、乱談のようなことばの交響から新しい美の生まれることを発見したのである。

これをもって乱談のセレンディピティと考えるのはいささか無理であろうが、雑然から美が生まれることを考え出したのは、りっぱに発見である。

吟行は、ひとりの作者による俳句の中に、複雑な要素を持ち込むことであって、吟行は談吟行であるとしてもよいだろう。

そう考えると、吟行はりっぱな創作活動の一端であることが認められる。

発句中心の近代俳句は、吟行が加わることによって、すこしだが、連句に近い詩になる可能性が出てきたと言ってよい。

俳句は、もともと、ますらおぶり（男性的でおおらかな詩風）であった。女性は短歌を好み、俳句とは距離を置いてきた。その俳句に吟行の要素が加わることによって、たおやめぶり（女性的で優美な詩風）の俳句が盛んになってきた。やはり、新しい詩の発見であると言ってよいように思われる。吟行を、うとんずるのは、古きにこだわったのである。

吟行は、新しい文化である。

19

〝よく学びよく遊べ〟

高級な教育

いまの超高齢者は、昭和ヒトケタの時代に育った。

いまから思うといろいろ不思議なことが多かった。

小学校の校門を入ると、少年の石像が立っている。二宮金次郎が薪《まき》を背負って、手には本をひろげて読んでいる姿である。お手本にせよというのであろうが、石像だから血がかよっていなくて空々しい。歩きながら本を読むなど、あまり、かっこよくない。こども心にそう思ったのかもしれない。二宮尊徳の像に頭を下げるものはなかった。

校舎へ入ると大きな額がかかっている。いわく「よく学びよく遊べ」とあった。「よくまなび、よくあそべ」であったかもしれない。低学年のこどもに、漢字を読ませるのは、無理だったはずであるが、どうも漢字であったような気がする。

そんなものに目をくれるほど、こどもは浮世ばなれていない。きょうは、学校の帰り、なにして遊ぼうかというこどもは、あまり勉強は好きでない。しかし、〝よく遊べ〟などと言うのはおかしい。そう考える頭はないのがこどもである。

三年生だったとき、遊び仲間に、こましゃくれたのがいた。町にひとりしかいないお医者の子である。ときどき変なことを言うくせがあって、仲間から一目置かれていた。

ある雨の日、外へ出られない昼休み、先生もおられるところで、医者の子が聞いた。

「ねえ先生、どうして、よく学びよく遊べなんて言うんです? ボクたち、よく遊んでいます」といった意味のことを先生にたずねたのである。

先生が、なんと言われたか、すっかり忘れてしまったが、質問のほうはいつまでも覚えていた。そして、先生が、さぞ困ったであろうと想像するのである。こどもたちに、よく遊べなどと命ずるなど先生も考えたことがない。ひどい矛盾とも考えない。それで、先生はつとまるのである。

私は偶然のめぐり合わせで学校の教師になって、ときどき〝よく遊べ〟の教えを反芻《はんすう》した。そして、これはなかなか高級な教育学であるということに気づいた。そのころの日本人に、そんなシャレタことの言えるわけがない。外国のものを借りたに違いない。そう見当をつけて、注意していたが、それらしきものは見つからない。

何でもイギリスの真似をしていた日本である。イギリス生まれの思想であろうと見当をつけていると、それらしきことわざにめぐり合った。

「勉強ばかりしているとバカになる」（All work and no play makes Jack a dull boy――〈直訳〉勉強ばかりしていて遊ばないとジャックはのろまな子になる）というのである。バカになる、と言い切ったところが目覚ましい。勉強専一のこどもを叱っているのだが、言い方がいかにも激しい。そのままでは、日本へ取り入れられないから、〝よく学びよく遊べ〟と翻訳したのかもしれないと解釈した。

生活尊重のイギリス人の考えそうなことで、同じように大きな影響を与えてきたドイツ人は、逆立ちしても、〝よく遊べ〟などと言わない。

〝よく遊べ〟にこめられた命題

もちろん、勉学、勉強は大切である。大いに学ばなくてはいけない。それはわかっているだけでは充分ではない。勉学一筋、というのは、案外、弱いもので、人間が成長していくには、勉学の努力だけでは充分でない。それに気づかないでいると、知識過多に陥るおそれがある。いま風に言うならば、知識過多症候群になって活力を失う。

そうならないためには、余計な知識は捨てなくてはいけないが、努力して覚えた知識である。捨てるなど、もったいなくて……と考えるのが常識的である。

捨てることはできないが、忘れることはできるはずである。その忘れるのも、なかなか容易ではない。忘れよ、と命じられていても忘れられるものではない。

まったく違った活動をすると、知らず知らず、余計なものがなくなっているのが人間である。メタボリック症候群に悩むものに、散歩をすすめるのは、医学の知恵である。しっかり運動すれば、スリムになり、活力がつくというのが、知恵になる。〝よく学べ〟だけでは知的メタボリックになりやすい。〝よく遊べ〟で減量すれば健康体になる、というのは、りっぱに、ひとつの発見である。一般に受け入れられるようになるのに時間がかかったから、この命題自体が忘れかけられたというわけである。

〝遊び〟の発見は、成熟した知識社会でないと生まれない。幼い文化社会では、パラドックスは受け入れられない。昔の日本が、〝よく遊べ〟を持て余したのは自然のことで、そのころの教育を非難してはならない。

充分に成熟した知識社会であると考えられている現代においてもなお、〝よく遊べ〟が〝よく学べ〟と両立することを認める知性が育っていないかもしれない。

人間カマボコはうまくない

T氏は知られた哲学者である。昔の一高、東大を出た秀才であるが、勉強ばかりしていたのではなかった。

陸上競技部に入って練習をしていたが、あるとき、もっと学業の成績をよくしようと思って、陸上競技をやめてしまった。さぞ、成績がよくなるだろうと思っていると、逆に、下がってしまった、という。

あわてるようにして、陸上競技を再開、学業ももとに戻った、という。〝よく遊べ〟というのは、〝よく学べ〟と対立するのではなく、むしろ相乗効果をもっていることを実証したような話である。

机にしがみついて勉強ばかりしているのを〝カマボコ〟と言うのは言い得て妙である。食品のカマボコは食べられるが、人間カマボコはうまくない。机から離れると、味が出る。

このごろは書かなくなったが、かつて、卒業論文を書かないと大学を出ることができなかった。卒業論文は難関であった。それで一生の運命が決まることもありうる。早々と準備をする学生も少なくなかった。

参考書を集めてせっせと読む。ノートをとる。いくら勉強しても充分ということはないから、真面目な学生は、目の色が変わってくる。

そうして、作成した論文である。さぞや力作、と考えるのは当たらない。本に書いてあることを引き写したようなレポートに終わっているケースがはなはだ多い。勉強家がよい論文を書くとは限らないどころか、むしろ、つまらぬ論文を書くことのほうが多い。皮肉である。

それに引き替え、ふだんからあまり勉強をしないで、仲間と同人誌のようなものをこしらえて、詩やエッセイを書いている人が、さっそうとオリジナリティのある論文を書いて教師をおどろかす。彼らは、余計な知識をもたない。自分のおもしろいと思うものを追っていて新しいものに出合うのであろう。〝よく学ぶ〟のは充分でなくても、〝よく遊ぶ〟のはしっかり遊んでいて、自分の世界をつくり出す、すくなくとも、その入口まで行く。

学びすぎるのは、危険かもしれない。すくなくとも知的個性をつくるには、学びすぎるのはよろしくない。よく遊ぶことによって知的健康と知的活力を伸ばすのであろう。一筋縄でいかないところが、おもしろい。

京都大学の強味

近年の日本は、すこし、おかしくなっている。外国で認められると喜ぶくせに、まわりの才能には見向きもしない。

ノーベル賞をもらうのは天才である、と考えて、タレント並みに持ち上げる。もちろんすぐれた業績をたたえるのは結構なことであるが、まるでわからぬ特殊な研究を、すごい、すばらしいと騒ぎ立てるのはいかがなものかと考える理性というものに、われわれは欠けているのかもしれない。

日本人がはじめてノーベル賞を受けたのは、戦後の湯川秀樹《ゆかわひでき》博士の物理学賞であった。

湯川博士は生粋の京都人であるが、はじめそのことを問題にする向きは少なかった。それからノーベル賞を受ける日本人がすこしずつ増えたが、京都の学者が多い。日本一であるはずの東京大学出身のノーベル賞受賞者はわずか数人で、京都大学出の受賞者の何分の一かである。のんきな世間も、ようやく気付いて、どうしてだろうと話題にしたりした。

もちろん、わかるわけがない。しかし、京都大学が東大を圧倒するというのは庶民を喜ばせる事実である。いろいろの説が出たが、京都の町が学問に適しているらしいという説が有力になった。

具体的に言うと、京都の学者は、専門を超えて交流するというのである。京都の、飲み屋というより上等な店に、常連が集まる。一般人には、目の飛び出るほどの料金をとる店が、〝大学の先生〟というと、ぐっとお安く歓迎する。たびたび行けるというわけだ。

文科の人、医学部、理学部など、酒と雑談の好きな常連ができる。

十八世紀のロンドンでは、文人、知識人がコーヒー・ハウスに集まって談論風発、イギリスを文化の国にしたというのはよく知られている。それがクラブと呼ばれて、学術以外にも、ゴルフなどのクラブも出来た。

京都の人たちが集まったのは、飲み屋である。話のはずむこと、コーヒー・ハウスなど比べものにならない。コーヒーは頭を興奮させるが、アルコールは心を酔わせて別人のようにする。そういうところに通って、おしゃべりをしていれば、新しい知性が生まれる。そう考えてもおかしくない。酒席の談笑は、放談である。アルコールがまわってくれば乱談になるだろう。半ば酔った人間が、乱談の中で、半分忘れていたアイディアに火をつけられるということもあり得るだろう。

そういう中からおもしろい、斬新なテーマが生まれてくる可能性は大いにある。

東京の学者は地方出が多い。真面目である。帰りに仲間といっぱい、などという趣味は少ない。帰ったら、遅くまで机に向かって勉強しなくてはならない。寄り道しないで帰る。会合を好まず、孤独を愛する。学識においてはすぐれているが、その知識は静的で生産性に欠けるところがあるかもしれない。

京都の学者たちの活躍は自然科学の分野にとどまらない。人文系の人たちも知識集団をつくって、新しい考えを生み出した。人文研こと、人文科学研究所を中心にグループ研究が興って、新風を起こした。

東京のジャーナリズム、出版がおどろいて京都学派を評価、京都学派を中心に活動する出版社もあらわれた。京都係のような人がいて絶えず京都へ行き、新しい企画を進めるところもあると言われた。

たしかに、ほかの土地の学者、文化人とは、違った発想をした。新しいのではなく、思考の性格が違うのである。小さく個人的であるのではなく、コレクティヴ・コンシャスネス（集団意識）の大らかさがある。クラブ思考である。さらに言えば乱談の精神が生きているのである。もっとも古い文化をもつ京都の地において、乱談が花を咲かせたというのは、なかなか興味深い。乱談は創造性を秘めているのである。

日本の知識人は本に書いてあることは信用するけれども、話は問題にしない傾向がある。本を頭からありがたがるから、本にたぶらかされる。本に書いてあることを知識として、他人の説を批判、攻撃する。その間に、自らが独創性を忘れて、知的コピー・キャット（模倣者）になる。文系学者の多くが、そのために身を亡ぼしてきた。

信頼し合った仲間と心おきなく思考を交わせば、批判からは決して生まれない思考、発見、創見が生まれるはずで、京都学派は、はからずも、その成果を上げたことになる。国際的にもそれが認められたのは喜ばしいことだが、やはり理系の学問に偏っているきらいがある。文系の知識人は、あたたかく、おもしろい乱談の様式を案出する必要がある。それに京都学派が成功したのは目覚ましいことと言わなくてはならない。

〝よく学び、よく遊べ〟は、このように考えると、本を読んだら、仲間と談笑、談合、多くのことを忘れることであると解することが出来る。覚えたら、忘れるといってもよいし、知識にしばられないで、新しい活動に向かえと言っているようでもある。

いずれにしても、学ぶだけでは、不充分である。自分の力で生きることの大切さを暗示しているようで、カマボコ型秀才に対するアドヴァイスである。

2011

第四人称

日本語のクセ

おしゃべり会で、日本語のクセが話題になった。

ひとりが、日本語の文章には主語がない、ということを言って、議論がはじまった。

だいたい、日本語では主語を問題にすることがない、主語がなくてセンテンスができるばかりでなく、そもそも、主語という観念がない、ということになった。

すると、ひとりが、

「象ハ鼻ガ長イ」

には、主語が二つある、というので、かつて問題になったことがある、という知識を披露する。するとまた別のメンバーが、アメリカ人の誤解を紹介したから、象ハ鼻ガ長イの二重主語の問題は吹っ飛んだ。

アメリカの誤解というのは、やはり、主語に関するもので、もう四十年以上も前のことになるが、アメリカの有力週刊誌『タイム』が日本語を〝悪魔の言語〟と呼んだことである。

タイムはすぐれた雑誌であるが、この日本語論を書いたのは、間抜けであったらしい。

日本語には、主語がいくつもある。どこの国の言葉でも（などとエラそうなことを言える人は少ない）、主語になる〝私〟という代名詞はひとつに決まっている。ところが、日本語では、第一人称代名詞が、私、ぼく、おれ、わが輩、小生、などいくつもある。複数も、私たちやぼくたちだけでなく、われわれ、お互い、などいくつもある。おかしい。

さらにもっとおかしいのは、そんなにいろいろあるのに、第一人称を使わないでセンテンスができることだ、とアキレている。

英語だって、主語を落としてセンテンスにすることができるのを、『タイム』記者は忘れている。命令形の文には主語をつけない。つけなくてもわかっているからである。日記の文章も、原則、第一人称、私を落とす。

日本語はもっと広く、主語を落とすことができるというだけのことである。悪魔呼ばわりは正気の沙汰ではない。

そうは言っても、日本語の文法がいかにも弱体であることは認めなくてはなるまい。

学校でおしるしのように文法を学ぶが、人称という概念がない。英文法で、第一人称、第二人称、第三人称が整然としているのを見ると、すこし、気おくれする。人称だけではない。時制の観念が文法になっていない。過去のことを、現在形の動詞で表し、現在のことを過去形動詞で表わすのも自由である。英語の初歩文法でも、現在形、過去形、未来形がはっきり区別され、現在形と過去形が大きく異なっているのも少なくない。細かく、やかましい規則がある。

ドイツ語などはことにうるさく、一般の名詞にも代名詞にも格変化がある。ドイツ語を学ぶには、いちいち覚えなくてはならない。

英語は、ドイツ語やフランス語に比べて、文法がゆるやかで、いくらか、乱れているから、それだけ日本語に近いと言ってもよい。

その英語を使っているアメリカ人が日本語を悪魔のことばである、などと言うのは、ことさら、おかしいのである。

世界的影響力をもつ雑誌で、とんでもない見当外れなことを書かれたのである。日本人として黙っている手はない。

ところが、これに対する反論は、あらわれなかった。日本の言語学者は何をしていたのか、外務省はなぜ抗議しなかったのか。

おしゃべりクラブはそんなことをしゃべっておもしろがった。責任のない放言はたのしい。

なぜ「火事とケンカは大きいほどおもしろい」

メンバーのひとりが、人称が、第一、第二、第三人称に限られているが、それですべての人間を包括できるのか——という変てこな疑問をもち出した。

これはすこし高級な問題であるから、話に花が咲くということにはならないで、解散になった。人称の問題は忘れるともなく忘れたのである。

その後、何回目かの会で、ひとりが、「火事とケンカは大きいほどおもしろい」のはなぜだろうという問題提起をした。

火事をおもしろがるのは、公序良俗に反する。ケンカをおもしろがるのも、けしからんことで、どちらも野次馬の反応。心ある人間は口にすることも慎まなくてはならない。しかし、遠くの火事はおもしろいと思うのは人間的である。

消防が整備されていなかった戦前、火事は大事件であった。〝火の用心〟を叫んでいても、火事は出る。

村の真ん中にある半鐘《はんしょう》を鳴らして火事を知らせる。間遠に、カーン、カーンと鳴っていれば遠くの火事、カンカンカンと早鐘なら近火である。

夜もう寝ていても、半鐘がなると、飛び出す、遠くの空が赤くなっている。火事好きは、じっとしていられない。

そちらへ向けて駆け出す。夜の火は近く見えても遠い。となり村だったりして、風邪をひいて帰る、というようなことがいくらでもあった。

運よく、火事場へたどりついても、もう消火されていると、駆けつけた野次馬はがっくり力を落とす、帰り路は長い。

ひとの不幸を喜ぶのは人間として恥ずかしいことであり、悪徳であることくらいわかっているのだが、駆けつけた火事が小さくボヤみたいだったりすると、つまらない。やはり火事とケンカは大きくないと張り合いがないのである。

ただし、隣家の火事は困る。仲間のケンカはいけない。

人間というもの、ひと筋縄ではいかないようである。

アリストテレスの「カタルシス説」

立場によって人格が変わるというもの由々しき問題で、世の中を不可解なものにする要因のひとつである。

ギリシャは人類文化発祥の地であったが、芸術のあつかいに苦労した。表現と現実の境界がはっきりしない。文化と生活がうまく両立しないのである。

演劇において、悲劇は美しい。人が死ぬのも美しい。人を殺すのにも美がある。ところが現実には、その逆のモラルがある。悲劇を喜ぶのは反道徳である。演劇は不徳であり、反社会的であるという考え方が、哲学的であった。

気の小さい大哲学者もそういう良識派であったらしく、自らの創ったユートピア、「共和国」の中へ詩人を入れなかった。つまり、夢と現実を二つながらに是認することができず、真実のために芸術を切り捨てたのである。以来、二千年、両者の対立は充分には解消されないでいる。

アリストテレスはこれを惜しみ、詩と芸術対人生、社会の調和について思考を重ねたのであろう。カタルシス説を発明した。

アリストテレスは、毒を制するに毒をもってすることを考えた。

人間は生きていれば、かならず、悪、毒を内生させるようになる。それを放置しておけば危ない。それを排出するのに、問題の毒をもってするというのがカタルシス説である。カタルシスは、下剤による浄化の意味である。つまり芸術には、社会的、人間的効用があるというので、現代においても、多少の支持を得ていると言ってよい。

よく考えたものだと感心することもできるが、いかにも苦しい。無理な理屈づけのような気がする。

第一—第三人称を超えた世界

乱談会でしゃべっていて、別の考えにめぐり会った。

文法は第一、第二、第三人称しか認めない。それで世界を表現することができると、考えているのであろう。この三者によってひとつのコンテクスト（文脈）を規定することはできる。しかし、それがすなわち全体であるとは言えない。その外に、別のコンテクストがあるだろう。そのコンテクストの中の人間を、第三人称で示すことはできない。別のコンテクストだからである。

その別コンテクストは、第四人称と呼ぶことができる。

別世界であるから、第一～第三人称の意味は、ひっくりかえって、逆に見える。

ドラマ、演劇で、舞台の上がひとつの世界であって、第一人称から第三人称までの人物が活躍する。

ただし、見物をしている人間は、その中に含まれない。見物席、客席は、第四人称人間によって占められている。舞台の人間が客席へ飛び込んできたりしてはコトである。間違うといけないから、舞台と客席の仕切りカーテンを引いて、区別を明確にした。

舞台の上のドラマは、客席の第四人称人間には、ほぼ逆になった効果をもって伝わる。

舞台の上の悲劇は、客席には、悲しみやいたましさを抜き去られた、味わい深いものとして伝わる。

火事やケンカは、本来は、よくないことであるが、それは、当事者にとってのこと。第四人称にとっては、おもしろいものでありうる。

第四人称人間は、第一〜第三人称人間のモラルを超越している。悲劇を鑑賞する。おもしろいと達観するのである。人間の文化はこの第四人称文化によって展開してきたところが小さくない。

現実、生活とは隔絶された世界で、もともとの人間は、そういうものとかかわらなかった。だからこそ、原始的生活を反映する文法が世界を、第一人称から第三人称までにあらわすことができると考えた。第四人称の必要を認めなかったのである。文法にないのだから、第四人称のことを考える人がないのはいたしかたがないが、学術文化がモノの製造ほど目覚ましい発達をとげていないのは、第四人称文化をないがしろにしてきたせいである。

ことに、文系の学問、文学などに関心をいだく人は、第四人称などということを認めない。主観的思考から出られない人が多い。自然科学の人は、進んでいて、客観的にものを見たり、考えたりする。発明、発見も多い。文科の人で発見や発明することは困難である。学者というのは、過去の知識をもった人のことで、自分で新しいことを生み出す力はほとんどない、と言ってよい。

世界的にそうだが、とくに日本はいちじるしい。本から知識を取り出してきて、それをわがもの顔にして振りまいていれば、識者で通る。

第四人称的思考

文部科学省が、しびれをきらしたのか、不毛で非生産的な文系学部、学科を、再編、廃止しようと言い出して、文科の人たちの心胆を寒からしめたのは近来の話題であった。

文科系はいらないと言うのは、暴論である。もっとしっかりした業績をあげよ、新しい学術研究を心がけよ、と言うべきであったように思われる。

日本だけではないが、文系の学問は、この論で考えていることに沿って言えば、第一～第三人称的思考に偏っている。悪く主観的であって、客観性が不足している。他の学説、研究を批判することはできるが、新しい知見を示すことができない。

そこへ行くと理系の人は、客観的思考ができる。新しいことを考え出すことができる。仮説を立て、実証することも可能である。発明、発見が可能である。第四人称的思考によって、学問は進歩する。自然科学は人文科学、文学などよりはるかにおくれてスタートしたにもかかわらず、目覚ましい発達、進歩をとげて、文科の諸学を追った。ヨーロッパでも自然科学者を変人扱いした恥ずかしい歴史をもっているが、客観的思考を受け容れることが難しいのであろう。いつまでもプラトン的である。アリストテレス的思考は、文系の人たちにはなじまないのであろうか。

第三人称的思考は、自然発生的であるが、第四人称思考には、文化的、社会的洗練、ソフィスティケイションが必要である。両者の隔たりは、きわめて大きいと言わなくてはならない。文科諸学が第四人称的世界をうまくとらえられていないのは、いまもって変わりがない。

私は、若いとき、半ば日本語を忘れるほど外国語を読む勉強した。文法も好きである。辞書をひくだけでなく読んだ。ことばはおもしろいということを悟ったつもりでいた。

ところが、英語で書かれていることが、おもしろいと思えない。おもしろいと言われる文学作品もピンとこないのである。

絶望して、外国文学をネイティヴ・スピーカーと同じように読むことは、理論的に困難ではないかという仮説を立てて、読者論研究をスタートさせた。欧米にも、読者を、作者、作品なみに大切に考える研究は存在しなかったので、勝手にこしらえて試論集を出した。もちろん大雑把なものであることはよく承知していたつもりである。

しかし、三人称を超えた読者の存在することには思い及ばなかった。

それが、雑学クラブの放談のなかで、ゆくりなくも、見えてきたように思った。みんなとしゃべり合っている間に、三人称世界でない第四人称知覚のあることを知り得たのである。乱談のおかげである。セレンディピティと思い上がるわけではないが、いくら本を読んでも、得られないものを、雑談の中から拾い上げた喜びは小さくない。

21

第五人称

2

後生恐るべし

「あの詩人、おかしいのじゃありませんか」

ある老詩人が、新作詩集の新聞広告に、

「この詩集は千年のちも生きている」

といった意味のことを述べている。それに因縁をつけたのである。

乱談の会のひとである。乱談会では個人の名は出さない建前だから、これは異例である。

ほかのメンバーが、出版のホラ（publishers bluff）の一種だろう、まともに受け取ってハラを立ててはおかしい。ジョークだと思えばいい、と言うのもいて、にぎやかな話になった。

作者が自分の作品について予言めいたことを述べるのは、タブーであるが、それをするのも少なくない。

「千年はおろか、十年先のこともわからないのが人間である。予言めいたことを言ってよいのは神くらいである。詩を書くことが出来るからと言って自作のいのちを予言するのは、神を怖れない不逞である。人間がよくない」

といきまくものもいて、おもしろかった。

先々のことは闇である。先々のことは、これからあらわれる人のこしらえるもので、いまの人間が、とやかく言うことは、おこがましく不逞である。〝後生恐るべし〟というのは、後の世の人たちを怖れたのである。

千年の後を予言するのは、相当な楽天家である。

「そういう人でなくては、いまどき、詩など書いていられない」

とまぜかえすのがいて、乱談はますます快調に乱れておもしろかった。

つまり、自分の作品の明日を占うというのは、分を超えたことで、トキさん(Mr. Time) に委ねるのが妥当だというようなことでみんなわかったような、わからないような顔で見合わせた。

名もなきアウトサイダーの力

宮沢賢治は、戦後になって高い評価を得るようになった。戦前、そのよさを認める人は多くなかった。死後、とくに評判の高くなったのは、

雨ニモマケズ
風ニモマケズ
雪ニモ夏ノ暑サニモマケヌ
丈夫ナカラダヲモチ

で始まる無題詩である。

サウイフモノニ
ワタシハナリタイ

とつづき、

に終わる全体が一センテンスである。

そんなことより、この詩が、生前には発表されなかったことのほうが興味を引く。本人として発表する気にならなかったのは、それなりの理由があったに違いないが、自分のものとして重要な作品であると認めなかったのは確かであるとして差し支えない。

詩人の没後、手帖に書きとめられているのを遺稿整理の人が見つけて、活字にしたのであった。

本人の目では認められなかったのが、第三者、アウトサイダーによって拾い上げられたのである。

詩人本人よりも第三者の判断の方が正しかったのかという問題ではなく、本人に見えないものが、第三者によく見えることがある例としておもしろい。アウトサイダーの力である。肝心なインサイダーの目は微睡《まどろ》んでよく見えなくなっていることがあることを示している。

作家の評価においても、よりよくわかっているはずの同時代の考えよりも、作者の亡くなったあとのほうが、定説になりやすいということがある。

大正期に島田清次郎《せいじろう》という作家がある。天才的であると言われて崇拝するものもあった。しかしいま、その代表作『地上』を知るものは文学史家くらいである。同時代に夏目漱石がいるが、人生をまじめにとらえていない、と不評であった。その漱石が、いまや明治以後の最大の文学者とされている。本人の力、と言うことはできるが、その間の時（タイム）の力であるといったほうが当たっている。名もなきアウトサイダーの力であると言うべきかもしれない。

志賀直哉についても似たことが起こっている。戦前、志賀の評価はきわめて高く、小説の神様だった。

たとえば谷崎潤一郎などよりずっと高く評価された。

それが戦後になって、アウトサイダーの意見が強くなって、評価は逆転。谷崎は評価をいちじるしく上げたのに、志賀文学を賛える声はかすれるようになった。谷崎を支持したアウトサイダーが文学青年的インサイダーを凌駕したのだということもできる。

二十五年後の書評

インサイダーとアウトサイダーとははっきりした境界がある。〝火事とケンカ〟がおもしろいのは、第四人称世界においてであることは、すでに、前章で述べた通りである。空間的アウトサイダーの反応である。

時間的にも、アウトサイダーとインサイダーを区別する境界は存在するのだが、第四人称ほどにははっきりしているわけではない。

イギリスの誇る書評誌『タイムズ文芸附録』は、かつておもしろい実験をした。「二十五年後」という書評の再録を行ったのである。もとのものを再録して、読者にその実態を身をもって実感してもらおう、というもので、公正、厳正ということに対して、よほどの自信がないとできないことである。

二十五年前のブックレヴューが、きわめて大きく異なっていることが明らかになった。

もとの書評で絶賛された本が、いまは忘れたものになっていたり、かつて愚作とされたものが、古典的評価を得ているという例が、いくつもあった。

一部の読者は、書評というものの頼りなさを明らかにしたと考えられたらしいが、そうではなく、インサイダー評価とアウトサイダー評価とはつねに大きく異なり、あとからあらわれたアウトサイダー評価が、正しいとされるという、構造的問題が明らかにされたのである。

第四人称的アウトサイダーとは別に、第五人称的アウトサイダーが存在することを暗示している。

時の変質

第四人称は、遠くにあるものを、変化させ、一般に美化する。

それと似たことが時間のアウトサイダーにも起こり、過去を変化させて、歴史をつくるのである。歴史にならないものは消滅する。

たとえば、平安朝における物語が、時のたつにつれて変化して、鎌倉期になって大変化する。つまり異本が生まれた。

その異本は強力で、それまでの諸異本を吹き飛ばしてしまう。その間に異本なきがごとくであるが、新異本が強力であったのである。平安朝と鎌倉期との間に、異本がなかったように思われるかもしれないが、実際は、鎌倉の異本によって払拭されたのであろう。

原本に当たるものももしあったとしても、他の異本とともに消えたのである。多くの作品にも同じようなことが起こったにちがいない。

後世の史家が、その消えた部分を復原することはできないから、京都に大火があって、古文書が焼けた、という見てきたような虚構をもち出し、人々がそれを信じたのである。

後世に伝わるものは『源氏物語』に限らず、鎌倉期に再生されたものであることになり、後世の人々を悩ますことになった。

〝時〟は、あるがままを伝えるのではなく、その力によって変化したものを伝える。

もとのものは消失して残らない。

歴史の実態

そういう変化を起こすのが、第五人称である。第四人称は三人称の外側にできる空間において成立するが、第五人称は三人称の後にできる時間によって生まれる。歴史はもとのものだけでは生まれない。第五人称による〝時〟の異本によって確立するのである。すべての歴史は第五人称異本として存在する。もとのままの過去が歴史になることはない。

歴史がおしなべて、美しく、心ひかれるものであるのは、第五人称的効果とも言うべきである。過去がそのまま歴史になったことは、かつてなかった、と言ってよい。

個の作品についてもこの第五人称作用は及んでいて、もとの形とは違った形で歴史になる。もとのまま、不変化、不動というものは存在しない。

十九世紀の終わりごろ、ヨーロッパの歴史家は歴史によって過去を再現できると豪語することができたが、つまり、歴史の実態をよく知らなかったのである。すべてのモノが、時の干渉によって変化し、それがまた、次の作用によって変貌する転変から超越できるものはない。

歴史は時と共に変化する。あるいは忘佚《ぼういつ》される。それを食い止めるのが、第五人称であると言ってよい。

歴史を過信する人が、歴史によって過去がよみがえるように考えることがあっても、それは希望的想像にすぎない。

時の異化作用に抗しうるものは存在しない。第五人称はそれを明らかにする。

本書は二〇一六年六月、扶桑社より刊行した『乱談のセレンディピティ』を改題、追記し、文庫化したものです。

ブックデザイン　ヤマシタツトム
イラスト　祖父江ヒロコ

外山滋比古（とやま・しげひこ）

1923年、愛知県生まれ。お茶の水女子大学名誉教授。

東京文理科大学英文科卒業。雑誌『英語青年』編集、東京教育大学助教授、お茶の水女子大学教授、昭和女子大学教授を経て、現在に至る。文学博士。

英文学のみならず、思考、日本語論などさまざまな分野で創造的な仕事を続ける。

著書は、およそ30年にわたりベストセラーとして読み継がれている『思考の整理学』（筑摩書房）をはじめ、『知的創造のヒント』（同社）、『日本語の論理』（中央公論新社）など多数ある。『乱読のセレンディピティ』『新聞大学』『老いの整理学』（いずれも小社刊）は、多くの知の探究者に支持される。

最高《さいこう》の雑談術《ざつだんじゅつ》

乱談《らんだん》のセレンディピティ

発行日　2018年12月10日　初版第1刷発行

著　者　外山《とやま》 滋比古《しげひこ》

発行者　久保田 榮一

発行所　株式会社　扶桑社

〒105-8070　東京都港区芝浦1－1－1 浜松町ビルディング

電話 03－6368－8870（編集）

03－6368－8891（郵便室）

www.fusosha.co.jp

印刷・製本　中央精版印刷株式会社

ISBN 978-4-594-08097-6